E. DE BOCERET

DEVISAIRE

DE

BRETAGNE

(Extrait de la Revue Historique de l'Ouest*)*

VANNES

IMPRIMERIE LAFOLYE, 2, PLACE DES LICES

—

1894

E. DE BOCERET

DÉVISAIRE

DE

BRETAGNE

(Extrait de la REVUE HISTORIQUE DE L'OUEST*)*

VANNES

IMPRIMERIE LAFOLYE, 2, PLACE DES LICES

1894

[illegible]

[illegible]

[illegible]

[illegible]

[illegible]

DEVISAIRE DE BRETAGNE

ous les étymologistes sont d'accord sur la langue d'où
nous vient le mot *Devise*. C'est au latin que nous
sommes redevables de la plupart de nos vocables
usuels, et celui-là a franchi les Alpes, comme bien d'autres,
avec les soldats de Jules César. Du reste, nous ne trouvons
dans les anciens idiomes gaulois ou celtique, aucune racine
dont nous puissions le faire dériver.

Il faut rejeter de prime-abord une opinion qui consisterait
à faire venir *devisum, devisa,* de *videre* voir. Il est vrai
que les devises emblématiques ou autres, ont été généralement placées très en vue, soit sur des bannières, soit sur
des monuments ; mais laissant de côté cette remarque qui
peut paraître spécieuse, nous préférons, avec Littré, tirer le
mot *devise* de *dividere.* Sans nous arrêter aux transforma-
tions que le temps et les copistes ont fait subir à ce verbe
pour qu'il devienne notre mot français *devise,* constatons
simplement un fait principal : Ses dérivés ont toujours im-
pliqué un sens de division, de détail ; Le substantif féminin
devise ne fait pas exception à cette règle générale. Il a très

1

anciennement deux significations, en apparence très éloi
gnées de celle que nous lui donnons aujourd'hui ; il veut
dire : Testament ou robe bigarrée Le testament n'est à proprement parler que la division ou le partage des biens du
testateur entre ses héritiers. Les robes bigarrées[1], données
par les rois ou les grands seigneurs à leurs officiers les jours
de fête, devinrent bientôt la marque distinctive d'un emploi
ou d'un parti. Disons en passant qu'elles étaient composées
de bandes d'étoffe de diverses couleurs cousues ensemble,
sur lesquelles des broderies ou des applications simulaient
des figures. Une certaine étiquette présidait à la disposition
de ces ornements ; plusieurs auteurs croient y retrouver
l'origine des pièces les plus honorables de l'écu, telles que la
fasce, la bande, le pal, le chevron, etc. De diviser on passe
facilement à l'idée d'indiquer cette division par le dessin.

D'après cette étymologie, la devise est donc une figure, un
emblème. Cette définition concorde d'ailleurs avec la logique
des faits et les enseignements de l'histoire et, sans préjuger
des règles posées plus tard par les Bouhours et les Ménestrier, si l'on trouve presque toujours à côté du dessin
quelques mots plus ou moins explicatifs, il faut les prendre
comme un enjolivement, quelquefois nécessaire ; et, si les
mots se présentent seuls, ils doivent être regardés comme
une exception consacrée par l'usage. Cependant, à notre
époque, on confond sous un même nom, tout proverbe, tout
dicton, toute sentence, qu'ils aient été ou non choisis par une
collectivité ou par un individu. Sous cette forme, les devises
sont innombrables : « L'antiquité, écrit Adrien d'Amboise,
nous fournit de cette marchandise de prix à pleins maga-
sins. » Pas un poëte, pas un prosateur dont les ouvrages
n'en soient remplis : la Bible en est pleine, les sages de la
Grèce en abusent, et les druides en confiaient à la mémoire

---

[1] Ces robes données on disait : *livrées*, aux gens de leur cour, par nos rois
de la première race, ont donné leurs noms aux *livrées* que portent actuellement les domestiques.

de leurs jeunes adeptes, dans les forêts de l'Armorique ; ce
sont de simples traits de morale ou d'esprit, à ce titre elles
n'ont pas d'histoire, ou plutôt leur histoire se confond avec
celle de l'esprit humain. Nous suivrons donc le précepte de
Boileau, et nous nous bornerons aux devises adoptées par
les princes, les gentilshommes, les communautés, les villes
et les corporations.

Il n'est peut-être pas impossible de suivre les devises à la
trace qu'elles ont laissée dans les fastes des peuples. Presque
toujours elles sont l'image fidèle du siècle qui les a vues
naître et des passions de ceux qui se les sont appropriées.
Au moyen âge, et même encore aujourd'hui, elles sont le
complément des armoiries ; elles échappent à la sécheresse
didactique du blason, elles en sont la partie la moins aride.
Après avoir rallié les guerriers autour de leurs chefs, dans
de vraies batailles, elles ont embelli les tournois ; et, fixées
par le pinceau, le burin ou l'aiguille, elles ont plu à l'esprit,
de même qu'aux yeux. « Noblesse oblige, » a-t-on dit. Combien de preux n'ont-ils pas indiqué à leurs descendants, par
une devise, la vertu primordiale dont ils ne devaient plus
s'écarter ? La foi, la charité, l'honneur, le courage, l'humilité
chrétienne, l'orgueil légitime de race, toutes les vertus, tous
les nobles sentiments se rencontrent tour à tour dans un
Devisaire, et se confondent avec les aspirations et les souvenirs les plus glorieux. Si nous y trouvons par hasard
quelque folle vanité ou quelque tyrannique vouloir, souvenons-nous que d'autres temps les ont vu naître, que le
seigneur avait beaucoup fait pour le vassal et que nous ne
pouvons juger sainement de faits trop éloignés de nous.
Eloigné, certes le moyen-âge l'est déjà bien ; et cependant
nous devrons remonter bien au-delà dans le cours des siècles
pour trouver l'origine de la devise.

Nous n'avons pas l'intention de donner, comme Ségoing,
des armoiries aux enfants du premier homme ; nous ne
songeons pas à appeler Noé : Messire, et à lui faire porter

une devise en latin ; mais qu'il nous soit permis, contre l'opinion de plusieurs héraldistes, de la chercher au-delà des croisades, et même de l'ère chrétienne. Ne nous attendons pas à l'y rencontrer parée de toutes les grâces maniérées du dix-septième siècle ; elle sera simple, voire même grossière ; une longue suite d'années a seule pu la polir et l'amener au point où voudraient la trouver, pour la reconnaître, les auteurs dont nous parlons. « La devise, disent-ils, est un produit du moyen-âge. Voyez les règles posées par les bons connaisseurs : pas une devise de l'antiquité n'y répond, donc l'antiquité ne connaissait pas la devise. » C'est là une pétition de principes : assurer qu'une chose n'existe pas, parce qu'elle n'existe pas d'après des règles formulées, revient à nier la langue française, avant l'apparition de la première grammaire] ou la fondation de l'Académie.

Nous passerons sous silence les hiéroglyphes égyptiens dont parlent cependant quelques auteurs, entre autres Claude Paradin ; nous doutons qu'ils puissent rentrer dans notre sujet. Laissons donc de côté l'histoire égyptienne et arrivons à celle de la Grèce ; nous trouverons dans ses annales et dans ses monuments littéraires de curieuses et abondantes preuves de notre opinion. Dans le principe, chaque chef de tribu, chaque capitaine, dans un temps où la guerre dispersait les combattants plus que de nos jours, au sein de la mêlée, éprouva le besoin d'avoir un signe, connu seulement de ses fidèles, pour les rassembler autour de lui. Pour l'un, ce fut le premier objet venu : témoin : la botte de foin portée au bout d'une lance par quelques peuplades ; pour l'autre plus judicieux, ce fut l'image d'un animal, d'une plante, d'un être réel ou fabuleux, mais ayant rapport, soit à une qualité personnelle, soit à un événement passé, heureux ou triste, glorieux ou ordinaire, soit à une conquête entrevue et désirée. Maintes fois l'obscurité, la poussière, les accidents du sol furent tels qu'ils empêchèrent les guerriers de se rallier à la bannière. En ces moments difficiles, leur chef fit usage de la voix : ses cris les arrachèrent à l'ardeur du combat, ils les guidèrent à la victoire ou leur firent opérer la retraite. Parole enthousiaste, héroïque, invocation aux dieux du paganisme, entendue et retenue par la multitude, prédiction fanfaronne, telles furent les premières inscriptions qui figurèrent, à côté des emblèmes, sur les étendards et les boucliers. De ce genre sont les devises que nous ont conservées les anciens poëtes grecs, entre autres Eschyle et Euripide, le premier dans les *Phéniciennes,* le second dans les *Sept Chefs devant Thèbes.* Ces deux tragédies nous peignent la guerre allumée par l'ambition entre Etéocle et Polynice. Le prix de la victoire était le trône de Béotie que se disputaient ces deux frères. Polynice était représenté sur son bouclier la main dans celle de la déesse de la Justice, avec ces mots : « *Je te rétablirai.* » Tydée, l'un des sept chefs portait sur son bouclier l'image de la Nuit ; le fond était noir, semé d'étoiles d'or ; au milieu paraissait Prométhée, la torche à la main, avec ces mots : « *Je réduirai la ville en cendres.* » L'Etéocle d'Eschyle avait sur son bouclier un soldat montant à l'assaut, avec cette légende : « *Mars lui-même ne m'arrêterait pas.* » On voyait sur celui d'Hyperbius un Jupiter armé de sa foudre, avec ces mots : « *A Jupiter victorieux* » et, sur celui de Parthénopée, un sphinx écrasant un Thébain sous ses pieds. Dans *les Phéniciennes,* Parthénopée n'a aucune sentence gravée sur ses armes ; mais écoutons le messager qui raconte l'assaut : « Et d'abord s'avance contre sa cohorte hérissée de boucliers le fils de l'intrépide chasseresse, Parthénopée, portant pour emblême de sa famille, au milieu de son bouclier, l'image d'Atalante perçant de ses flèches rapides le sanglier d'Etolie. » — « Emblême de sa famille », ce détail est caractéristique. Comment M. de Magny peut-il dire que la devise est un fruit de la civilisation des races latines ? Virgile, il est vrai, à la fin du VIIe livre de l'Enéïde, donne des emblêmes aux compagnons d'Enée et à ses adversaires, mais il s'est inspiré des Grecs.

D'après Stace et Pindare, le devin Amsiaras, portait un

dragon pour devise ; pendant la guerre de Thèbes, Ulysse devant Troie portait un dauphin.

Si l'on regarde les personnages des anciennes tragédies grecques comme créés par l'imagination des poëtes, on peut trouver ailleurs des faits tirés de l'histoire. Ainsi Xénophon nous a conservé les devises de Cyrus, de Darius, de Cambyse, de Xerxès ; « Marius, dit Valère Maxime, fut le premier qui fit porter un aigle devant lui ; » Pompée avait adopté d'un lion armé un glaive. Alexandre le Grand, antérieurement à eux, avait pris le serpent comme emblème. Les légions romaines avaient peint sur leurs enseignes tantôt un cheval, tantôt un lion, tantôt le minotaure. Il n'est pas jusqu'aux médailles et aux monnaies antiques qui ne fournissent des exemples de devises. Celle d'Auguste représente une ancre entortillée d'un dauphin, avec ce mot : *Festina lente*, celle de Vespasien, un papillon et une écrevisse avec le mot *Matura*. Nous pourrions remonter plus haut dans la fable et dans l'histoire, citer les devises des conquérants de la Toison d'Or ; mais nous croyons avoir suffisamment démontré que si la devise, telle qu'on la concevait au seizième siècle, n'était pas connue des anciens, on en voit au moins poindre le germe dans leur esprit.

Après les Grecs, après les Romains, nous trouvons dans l'Histoire de la devise une lacune regrettable. Les chroniqueurs de la conquête romaine dans les Gaules et ceux qui les suivent ne nous ont pas conservé une seule devise authentique. Il nous paraît cependant difficile que des peuples aussi valeureux et dans l'esprit desquels la profession des armes était tenue pour si glorieuse, n'aient eu aucun emblème guerrier. Si nous n'en retrouvons pas sur leurs armures, c'est que, probablement moins artistes et plus simples que les nations du midi, ils n'avaient pas su les fixer par la peinture et la gravure. Du reste la faucille d'or et le gui sacré, la pierre sainte et la baguette de coudrier n'auraient fait qu'une apparition bien courte sur la large poitrine de nos ancêtres s'ils avaient pu ou voulu les y peindre.

Ignobles ou gracieuses, les fictions du paganisme avaient vécu. Les dieux du Panthéon étaient tombés la face contre terre devant les apôtres du Dieu crucifié ; dans leurs antres empestés, les sibylles ne rendaient plus d'oracles. Teutatès, la sombre divinité des Gaulois, avait dû aussi déserter les forêts sacrées des druides, chassée par les disciples de saint Pothin et de saint Irénée. Les ermites s'étaient substitués aux bacchantes, et sur les ruines des cirques et des thermes s'élevaient des églises. Nous ne trouverons plus dans la devise que le reflet d'un enthousiasme chrétien et déjà chevaleresque. Venus de Rome ou de la Grèce, les premiers moines en ont apporté la civilisation. Ils connaissent l'usage des emblèmes, et la première devise que nous rencontrons est, vers la fin du cinquième siècle, celle de saint Benoît. Le pieux solitaire est aussi un soldat mais ses armes sont spirituelles : il lance à la face de Satan, l'antique ennemi de l'humanité, ces lettres :

V. R. S.

N. S. M. V.

S. M. Q. L.

I. V. B.

Initiales des mots latins suivants :

Vade retro Satana,

Nunquam suade mihi vana ;

Sunt mala quæ libas,

Ipse venena bibas !

(Retire-toi Satan, ne me conseille jamais choses vaines. Ce que tu offres est le mal, puisses-tu toi-même boire du poison !)

Nous ne parlerons que pour mémoire des devises des premiers rois de France ; elles manquent d'authenticité et paraissent avoir été composées, d'après l'ordre de Louis XIV, par un père de la compagnie de Jésus pour en orner le pont Notre-Dame. Citons cependant celles de Mérovée : « *Nobis ferox Attila cessit,* » de Clovis Iᵉʳ : « *Salus mihi conjuge porta est* », de Charlemagne : « *Concilio major, qui magnus in armis.* » Il est néanmoins certain que les rois de France ont eu fort anciennement des devises. Sous Charles VII, et avant lui, dit Adrien d'Amboise, ils faisaient graver, sur les hoquetons de leurs *orfevrisez*, des emblèmes et des sentences. Ces orfevrisez tiraient leur nom de leur armure : elle était faite d'écailles argentées ou dorées, et embellies par le travail de l'orfèvre. Les rois en mettaient aussi dès cette époque sur leurs palais « et j'en trouve la raison très juste, dit encore l'auteur que nous venons de citer, car, soit qu'ils entreprennent quelques ouvrages publics et forteresses, soit qu'ils fassent bastir quelque chasteau ou maison de plaisance, l'une et l'autre de ces marques y sont mises sur les frontispices et en tous les lieux plus éminens, afin que la mémoire de l'autheur en soit perpétuée ; autrement, s'il n'y avoit que les seules fleurs de lis, on ne pourroit discerner au vray en quel tems et sous quel roy l'ouvrage auroit esté commencé ou parachevé. » Paul Jove mentionne celles des douze Paladins et c'est la première fois que nous rencontrons sur notre chemin une devise bretonne ; c'est celle de Salomon de Bretagne qui porte un échiquier. Il passe ensuite aux chevaliers de la Table ronde ; mais les données que nous avons sur la vie de ces personnages, si même ils ont tous vécu, sont trop incertaines et trop incomplètes pour que nous puissions démêler le fond de vérité qui inspira les auteurs de nos premiers romans de chevalerie.

En Orient, l'histoire nous a seulement transmis les devises des lieutenants de Mahomet. Ali après avoir vaincu Osman fit graver sur son sceau : « *D'un cœur sincère j'adore Dieu* » mais il n'y ajouta aucun dessin. Alhacème prit pour devise : « *Dieu seul est tout-puissant* » ; — Muavias : « *Dieu, pardonne moi* ; » — Jesède son fils : « *Dieu est mon Seigneur.* »

Il faut arriver ensuite à ceux qui combattirent leurs descendants et leurs prosélytes, aux Croisés, pour retrouver la
devise dans les Gaules. Elle n'a pas changé de caractère, et
c'est au milieu des camps que nous devons la chercher. C'est
la langue des héros, comme l'a si bien dit un auteur italien,
et, plus que jamais, la langue des héros chrétiens. Nous avons
vu qu'aux temps barbares, les guerriers prenaient une devise
pour être reconnus des leurs ; les seigneurs se seraient de
même trouvés bientôt séparés de leurs hommes d'armes, si,
en plus de la croix que les croisés avaient reçue des mains
de Pierre l'Ermite, ils n'avaient en un signe de ralliement
simple et facile à reconnaître qui permit à leur suite de les
retrouver promptement au milieu de l'immense multitude
lancée sur l'Asie. Beaucoup y ajoutèrent quelques mots
ayant rapport à leur grande et sainte entreprise. Les Bretons
partirent nombreux sous la conduite d'Alain Fergent ; ils
criaient déjà : « *Malo au riche duc.* » Nous savons aussi qu'à
cette époque les Montmorency priaient Dieu d'aider au premier baron chrétien, tandis que Goulaine réconciliait deux
rois que leurs querelles empêchaient de partir pour la Palestine, et en recevait la glorieuse devise portée encore par sa
maison. Plus tard, saint Louis permettait aux Châteaubriand
de graver sur leur sceau : « *Mon sang teint les bannières de
France.* »

Souvent aussi dans ces temps de troubles et au milieu de
guerres féodales, les chevaliers avaient besoin de cacher leur
nom et leur présence. A l'abri de tout regard indiscret sous
leur armure ils marchaient, casque en tête et visière baissée :
un signe convenu les faisait reconnaître de leurs seuls amis
et défier les indiscrets et les hostiles. Les romans de chevalerie
nous peignent à chaque instant des chevaliers ténébreux qui
cachent sous une armure noire un nom célèbre, un éclatant
passé, pour mener plus sûrement à bien quelque glorieuse
entreprise. C'est ainsi que la légende, sinon l'histoire, prête
à Richard Cœur de Lion *trois fermaux* pour toutes armoiries,

lorsque après s'être évadé des prisons d'Allemagne, il revint en Angleterre pour reconquérir son royaume. Si le malheur poursuivait Richard jusqu'à le priver de sa liberté dans le temps où ses Etats auraient eu le plus grand besoin de la présence d'un roi tel que lui, d'autres au moins revenaient heureusement dans leur patrie ; ou s'ils restaient sur le champ de bataille d'outre-mer, acquéraient une telle gloire qu'elle réjaillissait sur toute leur race. *Harry avant!* crient les Dinans, après le fameux Rivallon, leur ancêtre, compagnon de Geoffroy de Bretagne. N'est-ce pas aussi un glorieux héritage que la devise des Byron d'Angleterre, que l'on retrouve sur un acte authentique de 1292 : « *Crede Beronti* » *(Crois en Biron)*. que l'on peut rapprocher de celle de Bréhan. *Foi de Bréhan vaut mieux qu'argent.* On sait que beaucoup de haut barons furent obligés, pour se procurer l'argent nécessaire aux dépenses de l'expédition, d'engager leurs châteaux et leurs terres. N'est-il pas permis de croire que Byron et Bréhan, outrés de voir un misérable juif leur demander des garanties, s'écrièrent dans un élan d'indignation. « *Ma parole ne vaut-elle pas mieux qu'un grimoire ?* »

Remarquons ici un fait important.

Pendant toute la période des Croisades la devise se modifie et se complique. Le cri de guerre, qui de simple onomatopée était devenu mot, devient phrase. Les emblèmes se multiplient. Naguère une couleur, un chiffre, une lettre, suffisaient. Maintenant elle emprunte toutes les formes, et de l'emblème naît le blason. L'usage en devient aussi plus fréquent ; les bannerets d'abord, puis même de simples bacheliers prennent une devise. Les communautés, les associations civiles ou religieuses s'approprient des passages de la Sainte Ecriture ; enfin les tournois en développent la coutume, et nous dirions presque l'abus.

Les noms de familles se forment et les devises équivoques à ces noms se produisent et naissent à leur tour. Quelquefois même le nom et le cri sont engendrés en même temps par

un événement unique. Vers 950, un comte de Rennes voit
s'élancer un de ses soldats dans la mêlée comme un estourbeillon, il en fait la remarque et le soldat laisse à ses
descendants le nom d'Estourbeillon qu'ils conservent et
le cri : *Crains le Tourbillon.*

Mais déjà le christianisme a produit son œuvre féconde. Les
disputes de la scolastique, souvent stériles, ont du moins
aiguisé les esprits. Les victoires pacifiques des Abailard et
des Albert Le Grand sont aussi célèbres que les exploits des
plus grands capitaines ; et si, comme à l'apogée de la civilisation romaine, les armes ne le cèdent pas à la toge, la science
du moins va de pair avec la valeur. Les monastères, répandus
en grand nombre sur toute la surface du territoire, sont
remplis d'érudits, et les saints religieux n'ont pas peu contribué à polir le rude langage des Francs. Les gentilshommes
instruits par eux, et beaucoup moins illettrés que certains
auteurs modernes voudraient nous le faire croire, prennent
goût aux choses de l'esprit. Virgile, Horace, Ovide sont peut
être lus avec plus d'activité et plus de fruit que de nos jours,
et souvent on leur emprunte un hémistiche ou même un
vers tout entier pour en parer ses armes ou ses vêtements.
« *Pacere subjectis, debellare superbos,* » écrivent les du Breil
sur leur liste ; *Superis victoria faustis,* disent les Budes
de Guébriant.

Le goût des muses grecques et romaines déplaça un peu
le sentiment qui jusqu'alors avait présidé au choix des devises. On voit poindre de temps à autre des allégories où les
dieux de la fable jouent le principal rôle. D'un autre côté,
nous sommes en plein moyen-âge, et nous ne devons pas
trop nous étonner, après tant de grandes choses accomplies,
de voir l'orgueil se faire souvent une large place au milieu
des plus respectables sentiments. Empressons-nous d'ajouter
que la Bretagne échappe à cette fâcheuse tendance. Nous
trouvons bien : « *Malo au riche duc.* » Richesse de Kermavan
et la fameuse devise de Rohan : « *Roi ne puis, prince ne daigne,*

Rohan suis », mais cet orgueil est légitime et n'a rien de blessant pour la fierté d'autrui. Du reste, dans toute la France comme en Bretagne, c'est le sentiment guerrier qui domine, et il n'en peut guère être autrement. On ne passe plus la mer pour combattre, il est vrai ; mais hélas ! trop nombreuses sont les victimes que la guerre fait en Bretagne, et nos preux chevaliers peuvent à loisir éprouver la force de leurs bras. Pendant les courtes journées qui séparent les batailles, anglais, français, bretons se provoquent en combats singuliers. Geoffroy du Bois s'écrie : « *Bois ton sang Beaumanoir*, » sous le chêne de Mi-Voie, et du Guesclin pousse son cri de guerre en s'élançant contre Thomas de Cantorbéry. A peine une trève, un armistice est-il conclu ; sous les murs de la ville assiégée, sur le champ de bataille de la veille s'organise un tournois ; les armes courtoises s'entrechoquent, et les ennemis de la veille, ceux du lendemain, combattent sous la sauvegarde des lois de la chevalerie. Les tenants arborent sur leurs tentes les devises qu'ils ont choisies, les hérauts d'armes les crient avec leurs noms. Malheureusement nos historiens nous ont conservé trop peu de détails sur ces fêtes, et nous regrettons de ne pas trouver plus de devises en langue bretonne, dans les descriptions de tournois qu'ont laissées les chroniqueurs. Sauf Alain Fergent dont nous avons cité le cri, aucun duc de Bretagne ne paraît en avoir. Célèbres pour la plupart à cause de leur bravoure ou de leur caractère, ils auraient pu cependant se peindre en quelques mots. On a bien retrouvé sur un bas-relief de la cathédrale de Nantes une devise attribuée à Jean IV : *Comment qu'ils sont*, mais on manque de certitude et nous n'osons prendre sur nous de trancher la question. Jean V, le premier, affirme magnifiquement sa loyauté par ces mots qui sont devenus la règle de ses successeurs et de son peuple : « *Potius mori quam fœdari. Plutôt mourir que se souiller.* » Il les fait graver en 1305 sur le collier de l'ordre de l'hermine ; si la blanche fourrure du gracieux animal s'est quelquefois tachée de sang, jamais du moins elle n'a été effleurée par la boue. Le porc-épic de Louis XI n'a pas toujours été aussi délicat; plusieurs des dards qu'il lançait : *Cominus et eminus*, (De près comme de loin), n'étaient pas nets de fange. Saluons néanmoins cette grande figure historique, et si, comme breton, nous pouvons lui en vouloir d'avoir préparé l'annexion de notre patrie, souvenons-nous qu'il a fait la France grande et puissante. Ce ne fut pas sans beaucoup de peine qu'il arriva au couronnement de son œuvre et la dissimulation qu'il prêchait aux rois le servait peut-être moins que son opiniâtreté. Non seulement les grands vassaux ne se laissèrent pas mettre à la raison sans résistance, mais des têtes moins hautes ne se courbèrent pas facilement devant lui. Si les Créquy changèrent leur devise : « *Nul ne s'y frotte,* » par déférence pour le monarque qui en avait entouré son porc-épic, les de Chambre écrivaient dans le même temps : « *Altissimus nos fundavit.* » Le Très-Haut a fondé notre maison, orgueilleuse réponse aux prétentions exorbitantes pour l'époque, du seigneur de Plessis-les-Tours.

Loin de se plaindre comme la noblesse, le tiers-état, favorisé par la sage politique de Louis XI, accepta avec joie les privilèges qui lui étaient accordés. Les communes affranchies s'empressèrent de choisir des armoiries et des devises. Quelques-unes sont un hommage de reconnaissance à l'adresse de l'émancipateur. Les échevins firent pour eux-mêmes, en particulier, ce qu'ils avaient fait pour leur cité ; bientôt ils eurent leurs livres d'or et leurs armoriaux. Les corps d'état, dès qu'ils furent constitués, ne tardèrent pas à suivre cet exemple. Les marchands, les ouvriers, tirèrent de leurs professions des devises souvent bien tournées. Celles des imprimeurs et des libraires sont particulièrement intéressantes. Contraints par la loi à se choisir une marque, ils furent naturellement amenés à l'accompagner d'une sentence. Quelques années à peine après Guttemberg, en 1488, Geoffroy de Marnef imprimait en tête de ses éditions l'image

d'un pélican, et au-dessous : « *Principium ex fide finis.* »
Baillet, dans ses *Jugements des savants,* Jacques Brunet
dans son *Manuel des libraires* si connu, et plusieurs autres
auteurs ont recueilli celles des maîtres célèbres. Les plus anciennes sont empreintes d'un sentiment de religion et de foi
profonde. François Régnault prit pour devise (1481) : « *En
Dieu est mon espérance.* » Guy Marchand (1487) : « *Sola fides
sufficit.* » *La foi seule suffit.* » Durand Gerbier (1489) : *Deum
time, pauperes sustine, memento finis Jesus,* « *Crains Dieu,
secours les pauvres, souviens-toi de la mort de Jésus-Christ.*
Jean Maurand (1493) : « *Dieu soit en mon commencement et à
ma fin.* » L'appât du gain n'avait pas encore prostitué les
presses, et les premiers livres qui sortirent des nouveaux
ateliers furent la Bible et l'Evangile. Cependant, quelques
imprimeurs se montrèrent plus marchands qu'apôtres, au
moins dans leur devise. Denis Roce, en 1490, et Jean de Gour-
mond, en 1508, ne paraissent sûrs ni de la réussite de leur
commerce, ni du genre d'ouvrages qu'ils livrent au public :
« *A l'aventure* », dit l'un ; « *Vogue la galère* » dit l'autre. Content au contraire de la marche des choses et jouant sur son
nom, Jean Petit 1493, répète gaillardement : « *Petit à petit.* »
Terminons par la célèbre devise du courageux Henri Estienne
(1502), « *Fortuna opes auferre, non animum potest* » *La fortune peut nous ravir nos richesses, mais non notre courage* » ;
et celle, plus récente, des Elzévir (1592), « *Concordia res
parvæ crescunt* » *Par l'union les petites choses grandissent.*
Sous Charles VIII se continua l'œuvre commencée par
Louis XI ; mais nous ne pouvons qu'effleurer bien légèrement
cette grande page d'histoire. C'est sous le règne de ce monarque que la devise commença à sortir décidément du cri
de guerre et à être employée à profusion par les architectes
et les artistes pour l'ornementation de leurs travaux. Nous
l'avons vue exclusivement guerrière dans l'antiquité, très
chrétienne sous les croisades, puis redevenue guerrière au
quatorzième siècle ; nous allons maintenant la voir se prêter

à un autre génie, moins noble il est vrai, mais cependant encore digne d'elle, lorsque des esprits fins et délicats savent l'y
plier. Sous Charles VIII, les armées françaises vont à la
conquête du royaume de Naples. Dans cette expédition se
trouvent plusieurs Bretons, et, de l'aveu même de Paul Jove,
les barons français apprennent aux Italiens à porter les devises
et à en composer. Mais le génie des deux peuples est différent,
les Italiens modifient l'idée qu'ils ont reçue, et bientôt les
maîtres imitent leurs élèves. C'est à ce temps qu'il faut
faire remonter toutes ces devises galantes, le plus souvent
un peu fades, que nous voyons citées comme des modèles
par les auteurs contemporains. Nos guerriers, revenus
en France, ont apporté la mode italienne, la régence de Catherine de Médicis ne contribua pas peu à perpétuer le goût
d'une langue et d'un esprit qui étaient ceux de la Souveraine.

En Bretagne s'accomplissent les événements qui nous ont
enlevé notre indépendance. Le noble peuple a lutté jusqu'à
l'épuisement de ses forces, jusqu'à l'épuisement du sang
généreux de cette famille qui présidait depuis longtemps à
ses destinées. Lasse de repousser d'un côté les Anglais dé-
vastant ses côtes, d'un autre côté les Français qui, sous le
moindre prétexte ravagent son territoire, la Bretagne, mise
en lambeaux par ses deux ennemis héréditaires, croit retrouver le calme et la prospérité, en s'abandonnant à la
France, sous l'égide de la fille de ses ducs. Les guerres
coûteuses de François Ier, les troubles sanglants de la Ligue,
les exactions de Louis XIV, les folles prodigalités de Louis
XV, les cruelles exécutions de Carrier et des autres massa-
creurs républicains, les charges fiscales attirées par ses
tendances royalistes et qui pèsent encore sur plusieurs de
ses départements devaient lui démontrer, mais trop tard,
que la chaîne rivée par ses propres mains, était lourde, et
que le plus grand malheur pour une nation, est la perte de
son autonomie. La pieuse femme de Charles VIII et de Louis
XII eut-elle à regretter d'avoir entraîné son pays dans de

nouveaux malheurs. Sa devise le ferait croire. A la mort de son premier mari, elle fonde l'ordre de la *Cordelière* ; le cri qu'elle pousse et qu'elle prend pour devise est comme un soupir de soulagement de se sentir libre : *J'ai le corps délié.* Mais que faire contre un fait accompli. Elle aime Louis XII, l'épouse, et la Bretagne devient décidément française. Les fêtes données à cette occasion furent brillantes ; mais le luxe de la cour de Louis XII fut éclipsé par les magnificences du règne suivant. François Ier, le généreux protecteur des lettres et des arts, ayant comme rival un Charles-Quint, voulut lutter de goût, de somptuosité avec un si digne adversaire. Les tournois se succèdent à la cour et dans les provinces. On ne s'y contente plus, comme autrefois, de rompre des lances sur une place ou dans un champ entouré de tentes et d'estrades ; toutes les ressources de l'art compliqué des machinistes y sont mises à profit. On imite le labyrinthe de Crète, le cheval de Troie, le palais de Circé. Les draps d'or et d'argent, la soie et le velours brillent sur les cavaliers et sur les chevaux, les gentilshommes luttent d'élégance et d'entrain sous les yeux des plus belles femmes de la cour. A chaque réunion nouvelle, une nouvelle devise s'impose, et les plus applaudies sont celles qui parlent d'amour. Il est à la mode de gémir et de souffrir pour une belle inconnue, dont tout le monde, du reste, croit savoir le nom. On use plus que jamais de la langue italienne, et quelques cavaliers empruntent aux Espagnols qu'ils ont combattus, leur idiome et leurs emblèmes.

La devise a du reste conquis droit de cité partout. En France, en Italie, en Espagne, dit M. Chassant, non seulement elle se montre dans les réjouissances publiques, mais aussi dans les sacres des rois, dans les cérémonies funèbres. Elles ornent les édifices publics, les arcs de triomphe, l'intérieur des temples. On les voit briller sur les guidons, les étendards et les drapeaux, sur la poupe des navires. Elles se lisent encore sur les tourelles, les frises des châteaux, même dans les villes, sur la façade des hôtels et de quelques maisons bourgeoises des seizième et dix-septième siècles. Elles pénètrent dans l'intérieur des palais, et viennent décorer les appartements somptueux de riches seigneurs et les cabinets d'étude de quelques savants. La galanterie les introduit jusque dans les boudoirs des grandes dames et même dans leurs litières. On les fait servir à la décoration des galeries, des cascades et des grottes. La salamandre choisie par le roi pour emblème, était accompagnée des mots : « *Nutrisco et extinguo.* » (*Je nourris et je détruis*). François I*er* l'avait, dit-on, dès l'âge de dix ans ; il en remplit tous ses palais, et Chambord en contient plus de quatre mille.

Les artistes, dont François I*er* avait fait la fortune, ne pouvaient oublier dans leurs compositions, l'ornement favori du roi, et, depuis Benvenuto Cellini jusqu'aux gentilshommes verriers d'Arques, chacun voulut en décorer ses productions. Venus pour la plupart de Rome ou de Florence, récompensés de leurs talents par des lettres d'anoblissement, ces derniers étaient les artisans de leur propre fortune ; aussi s'écriaient-ils avec Brossart, un de leurs élèves. « *Audenti succedit opus.* »

Plût au ciel que le temps nous eût conservé un plus grand nombre de leurs fragiles peintures ! Mais les guerres de religion et la révolution en ont détruit beaucoup. Marot, dont l'œuvre est moins inspirée, a vu passer à la postérité ses naïfs badinages ; sa devise : « *La mort n'y mord* était prophétique. De son temps, la cour et la bourgeoisie se permettaient des libertés de langage à peine croyables en notre siècle pudibond. Nous ne pouvons reproduire ici les facétieuses devises dont s'égaye Adrien d'Amboise. Nous trouvons toutefois dans cet écrivain une devise satyrique où la plaisanterie est de meilleur aloi. Un capitaine italien, nommé Jean, s'avançait pour livrer bataille à ses ennemis ; comptant sur un succès qu'il croyait assuré, il avait inscrit sur ses enseignes ces mots tirés de l'évangile de saint Jean « *Fuit homo missus a Deo, nomine Joannes* (*Il y eut un homme envoyé de Dieu qui s'appelait Jean).* Son adversaire, instruit par ses espions, et fort incrédule à l'endroit de sa mission divine, fît écrire sur ses bannières ces paroles du même évangile : « *Et non receperunt eum* » *(Et ils ne le reçurent point).* La pointe n'est pas toujours aussi fine Le calembour et le jeu de mots envahissent l'esprit français, et le joyeux curé de Meudon se moque agréablement des devises ainsi faites, dans un chapitre de Gargantua. Citons en quelques lignes : « En pareilles ténèbres sont comprins ces glorieux de court, et transporteurs de noms, lesquels voulant en leurs devises signifier espoir, font pourtraire une sphère ; des pennes d'oiseaulx pour poines ; de l'ancholie pour mélancholie ; la lune bicorne pour vivre en croissant ; un banc rompu pour banqueroupte : non, et un halcret pour non dur habit ; un lit sans ciel pour un licentié. Qui sont homonymies tant ineptes, tant fades, tant rustiques et barbares que l'on debvroit attacher une queue de regnard au collet et faire une masque d'une bouse de vache à un chacun d'iceulx qui en vouldrait doresnavant user en France, après la restitutiou des bonnes lettres.

Par mesmes raisons (si raisons les doils nommer et non resveries), ferais-je peindre un panier dénotant qu'on me fait pener. Et un pot à moustarde, que c'est mon cœur à qui moult tarde. Et le fond de mes chausses c'est un vaisseau de peds.

Bien autrement faisaient, en temps jadis, les sages d'Egypte, etc. »

Il nous est actuellement difficile de comprendre l'importance que l'on attache aux devises durant le seizième siècle. Quelque auteur que l'on consulte, il parle avec enthousiasme de la noblesse d'un art si charmant et si utile ; l'un y voit renfermée toute la philosophie, l'autre seulement la morale, mais tous s'extasient sur la facilité de renfermer une vérité primordiale dans un petit dessin accompagné de quelques mots brefs et expressifs. C'est, disent-ils, une symbolique auprès de laquelle les hiéroglyphes égyptiens et les caractères chinois ne sont qu'un jeu de barbares. L'emblème était quelquefois un tableau entier, et les paroles un véritable récit. Voici la devise que prit un cavalier, en 1520. Il avait sauvé des flammes une jeune fille, en était devenu amoureux et n'était point payé de retour ; c'était, dit Adrien d'Amboise, « une grand'sale ou un beau palais tout embrasé de feux... » A force de vouloir du fin et du délicat, on tombe dans l'énigme et la charade.

Les devises des successeurs de François Ier sont toutes fort belles et fort régulières. Henri II portait dans sa jeunesse une pieine lune avec ces mots : « *Cum plena est, emula solis* » (*Quand elle est pleine, elle est la rivale du soleil*). Il la changea contre un croissant en l'honneur de Diane de Poitiers ; mais il ne renonça pas, semble-t-il, à voir ce croissant redevenir pleine lune, puisqu'il écrit au-dessous : « *Donec totum impleat orbem.* » (*Jusqu'à ce que son disque se remplisse*). Charles IX portait deux colonnes d'Hercule, avec ces mots : « *Pietate et justitia* » (*Par la piété et par la justice*). L'on voit aussi sur son bouclier, conservé au Musée des Souverains, la lettre K ; au moyen âge, elle signifiait Karolus. La devise de Henri III se composait de trois couronnes, deux à terre, une plus élevée, accompagnée des mots latins : « *Manet ultima cœlo* » (*La troisième m'attend au ciel*). Celle de Henri IV représentait un Hercule domptant un monstre, avec cette inscription : « *Invia virtuti nulla et via* » (*Pour la valeur, point d'obstacles*). On ne peut la lui reprocher après une vie aussi remplie de combats et de victoires. Ses ennemis n'étaient pas à dédaigner, et la Ligue ne fut pas le moindre des monstres qu'il eut à terrasser. En Bretagne, Guy Eder, un des plus farouches ligueurs, avait adopté comme cri : « *Libertas* » (*Liberté*). Le malheureux mourut dans un cachot. On connait trop la tournure d'esprit vive et gauloise du bon roi, pour s'étonner que plusieurs de ses saillies soient devenues des devises. Une des plus originales, sans contredit, a été conservée par la famille de Bougrenet de la Tocnaye. Nous la donnons dans le cours de cet ouvrage. Beaucoup d'autres du même genre lui ont été attribuées ; mais s'il est vrai qu'on ne prête qu'aux riches, il faut se mettre en garde contre les prêteurs. Nombre de bons mots que l'on a dit sortis d'une bouche royale, sont sortis de celles des courtisans ou des panégyristes. Tel trait d'esprit, telle noble réponse a été inspirée à l'historien par le caractère de son héros, quelquefois même par les circonstances.

Après Henri IV, il n'est peut-être pas un souverain que l'on ait fait autant parler que Louis XIV, mais combien est différente leur manière de s'exprimer. Les peuples leur ont donné à tous deux le surnom de *Grand,* mais ils ont aussi appelé Henri IV, le *Bon.* L'un se montre père et ami ; il se mêle volontiers à ses sujets, il parle quelquefois la langue de la dame de la Halle qu'il a embrassée ; l'autre, jaloux de son prestige, est toujours roi, même chez mademoiselle de la Vallière, il ne descend jamais des hauteurs où l'a placé la Providence. Il a choisi le soleil comme emblème, et comme cet astre : « *Nec pluribus impar.* » Il se sent capable d'éclairer tous les mondes. Louis XIV, il est vrai, suffit à la tâche qu'il s'est imposée. Sous son règne, partent du Louvre et de Versailles, les rayons bienfaisants qui hâtèrent l'éclosion de tant de génies et illuminèrent tant de grandes choses. Quelle idée malheureuse eut donc Fouquet de blesser la susceptibilité de Louis-le-Grand, et de prétendre à de trop hautes destinées ? Il eut dû rester le Mécène d'un tel Auguste, et arrêter son écureuil d'un coup d'arquebuse, lorsqu'il voulut s'élancer plus haut que les girouettes de Vaux ou les rochers de Belle-Isle. La devise du surintendant n'est pas la seule qui ait été mise en opposition avec celle de Louis XIV. « *J'ai réglé qui nous règle,* » disait le maréchal de Villeroy ; mais son allusion n'avait rien de blessant. Il avait été le précepteur de Louis XIV, et c'est avec une bonhomie quasi paternelle qu'il rappelait aux courtisans inclinés dans les antichambres de Versailles, l'autorité exercée jadis par le maître sur ce roi, maintenant si grand et si impérieux. Les murs de l'OEil-de-Bœuf n'étaient pas habitués aux libertés de langage ; comme on leur savait des yeux et des oreilles, on s'était fait à la cour une règle de prudence. De tous les coins de la province étaient arrivés les gentilshommes soucieux de leur fortune. A la source des faveurs, des bénéfices, des grandes alliances, ils n'auraient pas voulu compromettre l'avenir par une parole inconsidérée : mieux valait tâcher d'être agréable. Aussi le même vent semble-t-il avoir soufflé sur toutes les devises de l'époque. En aucun temps on a fait un aussi grand abus des mots d'amour et de fidélité. Pour le prouver il suffit de lire les pages 109, 110, 460, 461, 462, du *Dictionnaire des Devises* de M. Chassant ; on y trouvera rangées par ordre alphabétique toutes celles qui commencent par ces mots ou leurs dérivés. Dans le nombre il s'en trouve d'anciennes, mais c'est la minorité. Certes, l'homme, le roi, méritait bien une fidélité héroïque ; mais on peut ici douter du mobile. Il faut, pour être noble, que la fidélité ne soit pas dictée par l'intérêt, que son expression ne soit pas uniquement une flatterie. Or, malgré toutes les qualités du roi, malgré l'attachement qu'a toujours montré la noblesse française pour ses princes, nous avons peine à croire à tant de dévouements désintéressés et simultanés.

Un autre fait est frappant. L'étiquette la plus stricte préside aux moindres actions, le roi veut que tout dans son entourage soit réglé avec le plus grand soin. Les juges d'armes formés à cette école voient avec déplaisir les écussons qu'on leur soumet, soit pour entrer aux pages, soit pour être admis aux emplois de la cour, manquer d'une devise : lorsque le cas se présente, ils en conseillent une officieusement, puis, une fois prise, la mentionnent d'une manière officielle. C'est à cela, pensons-nous, qu'il faut attribuer le nombre considérable de devises coulées dans le même moule, et se rapportant toutes aux figures des armoiries. Elles sont d'ailleurs très bien faites. Le P. Lemoine, le **P.** Menestrier en ont formulé les règles savantes et en ont composé des milliers. Il n'y a qu'à puiser dans leurs livres, et l'on ne s'en fait pas faute. Tout le monde, du reste, s'applique à les bien faire. Les femmes elles-mêmes, en cherchent pour leurs parents et leurs amis. Mme de Sévigné, dans une de ses lettres, nous montre quelle importance on attachait à faire un bon choix. Consultée par sa fille sur une devise que voulait prendre M. de Grignon dans un carrousel, elle part plus vite encore que la fusée dont elle parle. Trois ou quatre devises lui paraissent bonnes à choisir, mais sont-elles neuves? L'une : « *Qu'elle périsse, pourvu qu'elle s'élève* », a déjà figuré sur les armes de M. X... ; qui avait écrit : « *Que je dure peu, pourvu que je me lève.* » L'autre « *Da l'ardore, l'ardire* » (*De mon ardeur ma hardiesse*), s'étale sur l'écusson de M. Z. Si bien que la chère caqueteuse, forcée d'emprunter à quelqu'un, ne trouve rien de mieux à faire que de s'adresser à la Clorinde de la Jérusalem délivrée du Tasse ; elle propose : « *Alta non timeo* ». (*Je ne crains pas les hauteurs*). On cite d'elle plusieurs devises. D'abord une hirondelle avec : « *Le froid me chasse* », puis celle qui lui plaisait si fort : Un arbre sec et l'inscription : « *Fin che ritorni* » (*Jusqu'à ce que le soleil revienne*). Cette dernière, où s'épanche tout son amour maternel, est une allusion à la tendresse de sa fille, Mme de Grignon.

On le voit, hors des devises héréditaires de la famille, les devises personnelles étaient fort nombreuses ; plusieurs d'entre elles devaient d'ailleurs devenir héréditaires à leur tour. Cela se fit aisément. Bien avant les seizième et dix-septième siècles, comme nous l'avons prouvé, les grands lignages chevaleresques avaient leur cri et souvent leur devise. Vers ce temps, les familles nobles de second rang et même de la bourgeoisie (quelquefois issue de bon lieu) voulurent imiter la première noblesse, les devises se transmirent, comme tout ce qui, flattant un très légitime orgueil familial, sert à perpétuer le souvenir d'un aïeul éminent ou d'un trait hono-

rable pour la race, ne fût-ce qu'un trait d'esprit. Les anoblis-
sements fiscaux et les réformations, en les mentionnant
dans les lettres patentes et les arrêts de maintenue, contri-
buèrent à les fixer irrévocablement.

Sous Louis XV, sous Louis XVI, la devise n'a pas de caractère spécial. Mme de Genlis continue les traditions fades en
instituant l'ordre du sentiment. Chacun des chevaliers a une
devise amoureuse et la passion s'y peint. Style précieux et
ampoulé. Citons par contraste celle du comte d'Estaing : Une
corbeille de lys et de roses, avec l'inscription : « *Tout pour
eux, tout pour elles* », gracieuse allusion à son amour pour
la jeune reine Marie-Antoinette et à son dévouement pour le
malheureux Louis XVI. Citons encore le mauvais jeu de
mots de l'un des tristes philosophes qui préparèrent la
Révolution, le marquis Caritat de Condorcet : « *Charitas* »
(*Charité*), devise menteuse dans sa bouche, comme le fut
celle des terroristes : « *Liberté, Egalité, Fraternité* ! » On a
trop de fois prouvé l'affreuse ironie de tels mots dans un
pareil temps, les jacobins en ont eux-mêmes trop défiguré
le sens en y ajoutant la finale : « *Ou la mort* », pour que
nous insistions davantage ! Passons donc bien vite sur ces
temps les plus néfastes de notre histoire.

Le grand mouvement social commencé sous les auspices
de Louis XVI et arrêté dans son développement normal par
les ambitions jacobines, fut du moins fécond en traits de
courage et de vertu. Les uns meurent en chantant des cantiques, sous le couperet de la guillotine ; les autres livrés à
toutes les angoisses, à l'exil, dénués des choses les plus néces-
saires à la vie, entourent leurs princes, combattent vaillam-
ment pour eux et sous leurs ordres, ou bien grossissent les
rangs de ces armées vendéennes et bretonnes qui forcèrent
l'admiration de leurs ennemis eux-mêmes. Tous ces braves,
comme naguère les croisés n'ont qu'une seule et même
devise : « *Fidèle à Dieu et au Roi* ! » Peut-être les mots
varient-ils, mais l'idée reste la même, et cette idée est gravée

au fond des cœurs. Il n'est plus ici question comme à la cour de Louis XIV et de Louis XV, de flatter un monarque dont on espère obtenir des honneurs ou la fortune. Louis XVI n'est plus, et son fils, enfant prisonnier, ne peut rien pour ses sujets. Il faut donner sa vie gratuitement pour sa cause. Aussi les devises, concédées à cette époque ou depuis aux compagnons des Charette, des Lescure et des la Rochejacquelein, et dans lesquelles entre le mot « *Fidélité !* » ont-elles un bien autre prix que leurs similaires du siècle précédent. Certaines paroles mémorables des chefs leur servent de devises et sont restées à leurs familles. « *Si j'avance, suivez-moi. Si je recule tuez-moi. Si je meurs, vengez-moi* » a dit M. Henri à ses gars; ces héroïques paroles accompagnent aujourd'hui l'écusson des la Rochejacquelein.

Dans le camp opposé, l'amour de la patrie a suscité quelques grands courages. N'est-ce pas une belle devise de général que celle de Hoche, appelé, à tort ou à raison, le pacificateur: « *Res non verba* » (*Des actes et non des paroles*) ? Pendant que le vieux sang de l'aristocratie coule à flots, ou se régénère dans le malheur et dans les combats multipliés d'une guerre de partisans, une jeune noblesse est à la veille de se former et de venir remplir des vides, hélas ! trop nombreux. Napoléon d'abord nous apparaît grand par lui-même, mais non moins grand peut être par la pléiade illustre d'hommes remarquables dont il sait s'entourer. Monté sur le trône impérial, il comprend qu'une aristocratie puissante et honorée était une force vive qu'il eût été dangereux de laisser disparaître. Aussi, comme jadis César aux vétérans romains, accorde-t-il des honneurs et des privilèges à ses compagnons d'armes. Ney, Murat, Davoust, Augereau, etc, portent le nom des glorieuses batailles qu'ils ont gagnées ; ils ont des armes et des devises. Peut-être dix ans auparavant auraient-ils, en style du temps, traité ces insignes d'inutiles hochets du despotisme et de la vanité ; mais à cette heure ils en sont fiers, et Junot s'écrie avec raison : « Nos descendants se glorifieront toujours de nous avoir eus pour pères, nous avons acquis assez de gloire pour en transmettre à plusieurs générations : « *Et nos avi* » (*Et nous aussi, nous sommes des ancêtres*). Les vieux gentilshommes ne boudèrent pas longtemps les nouveaux ; la Restauration admit les devises des soldats de Bonaparte comme celles des chouans. Le premier ministre de Charles X, Villèle, esprit fougueux et ardent à la lutte, se choisit une devise dont la modération étonne d'un homme de son caractère : « *Tout vient à point à qui sait attendre* » ; mais il ne prit point d'emblème.

Il est à remarquer que depuis le commencement de ce siècle, on semble avoir oublié que la devise est surtout l'emblème et que les paroles n'en sont que le complément. Désormais celles que nous rencontrerons seront plutôt des sentences. Ainsi lord Palmerston, le versatile homme d'État Anglais, adopta pour maxime, vers 1820 : « *Flecti non frangi* » (*Plutôt plier que rompre*). Nous sommes persuadé que ses descendants préféreraient avoir hérité de celle plus glorieuse des Carné : (*Plutôt rompre que plier.*)[1] Il fut dans sa jeunesse le condisciple et l'ami de Byron, dont nous avons cité la devise familiale ; mais il ne suivit pas le grand poète en Grèce, et le malheur des Hellènes ne le toucha que de loin. Nous aurions voulu pouvoir retrouver les devises des héros de l'indépendance grecque, mais ni les Ipsilanti, ni Canaris, ni Botzaris n'en ont laissé que nous sachions. Elles auraient peut-être contribué à mettre en lumière la vertu prédominante de ces preux, chantés par tant de poëtes.

Revenons en France. Sous le gouvernement de juillet, Lamartine écrit ses méditations et se laisse emporter par son génie rêveur au delà des sphères humaines : « *A la grâce de Dieu !* » dit-il. Il faut croire que Dieu lui refusa sa grâce, du moins lorsqu'en 1848 il devint le consort politique des Cré-

---

[1] La Mennais aurait voulu mettre dans ses armes un chêne avec la devise « *Il rompt, mais il ne plie pas* ». Que n'a-t-il su plier ?

mieux et des Ledru-Rollin, Le duc de Persigny, converti à l'idée napoléonienne, devait, un peu plus tard, être comblé des faveurs du Prince Président, qu'il aida tant à faire nommer empereur. Sa devise est : « *Je sers.* » S'il changea plusieurs fois d'opinion, du moins ne servit-il, et n'aima-t-il que Napoléon III. Nous voudrions nous arrêter ici et finir avec la belle devise du maréchal Bugeaud, conquérant, colonisateur et pacificateur de l'Aigérie : « *Ense et aratro* ». *Par l'épée et la charrue* ; mais notre histoire ne compte malheureusement pas que des succès, et les revers sont parfois instructifs. Après un règne où le luxe de la cour des Tuileries étonna l'Europe, mais où malheureusement le niveau moral n'atteignit pas à la hauteur du niveau littéraire et scientifique, nous devions tomber du haut de notre opulence factice entre les mains de nos rivaux d'Outre-Rhin. N'est-ce pas un temps gros d'orages que celui où les actrices, comme Melle Brohan, parodiant la devise des grands seigneurs, osaient dire :

> Reine ne puis,
> Fille ne daigne
> Brohan suis.

que celui où les hommes d'Etat prennent un *cabri* pour emblême ? Il est vrai que celui dont nous parlons se nommait Chevreau, et que, pensons-nous, la méchanceté seule des ennemis de l'Empire transforma le chevreau en cabri. Toutefois ce n'est pas en sautant, mais bien en s'appuyant sur des ailes que l'on arrive *Ad alta, per alta.*

Bien autrement puissante et sérieuse est l'inspiration des trois hommes qui nous ont été si funestes ; bien autrement grande et caractéristique est cette trinité redoutable de la foi, de l'intelligence et de la force, empreinte dans la devise du roi Guillaume : « *Gott mit uns* » *Dieu avec nous* ; du feld maréchal de Molkte : « *Erst Wœgen dann Wagen* » *D'abord peser, puis oser* ; enfin du chancelier Bismarck : « *In trinitate robur* ». *(La force dans la trinité !)*

Que dire des devises d'aujourd'hui ? Frivoles sous l'Empire, elles le sont probablement restées sous le régime actuel, à moins qu'elles ne soient devenues cyniques. Cependant nous n'en pouvons parler en connaissance de cause, nos personnages n'en ont pas. Cela ne nous étonne guère. Prendre une devise c'est se tracer une ligne de conduite. c'est prendre comme point de départ et comme but une vertu héroïque, un grand sentiment. Toutes ces choses sont gênantes pour des hommes tels que nous les connaissons, ils sont trop prévoyants pour s'en embarrasser. Et peut-être, le naturalisme, qui va gagnant chaque jour du terrain, fera-t-il choisir à quelques-uns de nos contemporains leurs emblèmes dans les bas-fonds où se complaît la littérature actuelle. Nous, du moins, ne glissons pas sur la pente, Monseigneur le comte de Chambord permit à son fidèle serviteur M. le comte Edouard de Monti, d'ajouter à ses armes le mot. « *Inébranlable* ». Comme lui, restons ferme ; espérons qu'un jour Dieu se souviendra de nous, espérons que la France pourra effacer ses défaites par un glorieux triomphe, et jetons avec confiance ce vieux cri du marin breton pris récemment pour devise de son *Ex libris* par M. René Kerviler, un des plus intrépides bibliographes de ce temps.

A Dieu vat !

LES RÈGLES DE LA DEVISE

Nous l'avons dit, dans notre *avant-propos*, la devise est chose surannée, personne n'en fait plus ; en donner les règles semble donc un anachronisme inutile. Nous allons cependant essayer de résumer les lois posées, par les meilleurs auteurs, tant italiens que français. Il est nécessaire de les connaître pour bien comprendre les devises déjà faites, et peut-être seront-elles utiles à quelques-uns de nos lecteurs, si l'envie leur prend de ressuciter des usages oubliés et perdus.

La variété de formes sous lesquelles nous apparaît la devise la rend difficile à définir. Cependant le P. Bouhours y a réussi, et nous lui laissons la parole : « La devise, dit-il, est une métaphore et une métaphore *de proportion*, qui représente un objet par un autre avec lequel il a de la ressemblance. » Toute devise implique donc une comparaison, et c'est à cette condition qu'elle est bonne. La devise de Henri III, par exemple : deux couronnes à terre et une en l'air, avec ces mots : *Manet ultima cœlo*, (la troisième m'attend au ciel), n'est pas régulière, car il n'existe aucun point de comparaison entre Henri III et ses couronnes. Au contraire, la fameuse devise de Louis XIV : un soleil avec ces mots : *Nec pluribus impar*, est excellente, car le roi y est comparé au soleil, et sa sagesse à la lumière de cet astre.

Sur la définition qui précède, reposent les règles données par les maîtres. Presque toutes ont pour but d'assurer la justesse de la métaphore et de la rendre irréprochable. On peut les réduire à cinq propositions principales, et l'évêque italien Paul Jove les formulait ainsi, vers la fin du XVe siècle.

Règles de Paul Jove.

1° Qu'il y ait juste proportion de corps et d'âme, c'est-à-dire, entre les figures et les paroles.

2° Que la devise ne soit ni si obscure qu'elle ait besoin d'une sibylle pour l'interpréter, ni si claire que chacun la puisse aisément concevoir.

3° Qu'elle soit agréable à voir, les corps étant pris des astres, des éléments, des animaux, des ouvrages, des instruments et des arts.

4° Qu'il n'y ait point de figure humaine.

5° Que le mot soit court, sans être obscur, et qu'il soit dans une autre langue que celle de la personne qui porte cette devise.

Après lui ce nombre a été diminué jusqu'à deux seulement et augmenté jusqu'à douze et plus, mais sa division nous paraît suffire et nous l'adoptons dans ce qui va suivre.

I

Pour faire une bonne devise, il faut donc une figure et des paroles, et que les termes employés pour les désigner, soient d'un heureux choix : la figure ou emblème s'appelle *corps*, les mots, *âme*. On a voulu ainsi exprimer le rapport intime qui doit exister entre les deux éléments de la devise, comme entre les deux parties constitutives de l'homme. De plus, l'emblème est saisi par le sens et la pensée qui s'en dégage, plus immatérielle, si nous pouvons nous exprimer ainsi, n'est que traduite par les signes alphabétiques. Mais aucun de ces deux éléments ne doit empiéter sur l'autre ou le diminuer, et rester seul en lumière pour le cacher aux yeux ou à la pensée ; à plus forte raison, ne peuvent-ils se produire séparément. Voici deux devises où la porportion de corps et d'âme est gardée, et qui peuvent servir de modèle. Elles ont été composées par des panégyristes d'Olivier de Clisson et de Bertrand du Guesclin. L'une a pour corps une tour de laquelle sort une gerbe de flammes, avec ces mots : *Nescit vis ista teneri*, (cette force ne peut être contenue), par allusion à l'activité que le connétable déploya du fond de la prison où l'avait enfermé le duc de Bretagne. Les flammes de sa puissante intelligence forcèrent les murailles de son cachot, comme le feu d'un violent incendie force les murailles les plus solides. L'autre a pour corps un flambeau près de s'éteindre, et pour âme ces mots : *Etiam moriendo coruscat.* (Il brille même en mourant.) Du Guesclin assiégeait le château de Randon lorsque sa dernière maladie le surprit, et le dernier jour de sa vie fut une dernière victoire ; on lui apporta les clefs du château quelques minutes seulement après son dernier soupir. Dans ces deux devises, l'idée qu'indique l'emblème est bien traduite par les paroles et la proportion bien gardée ; aucune des deux parties ne se présente à l'esprit aux dépens de l'autre, mais elle se complètent mutuellement et harmonieusement à tel point que si l'on essayait de s'en séparer, elles n'auraient plus aucune signification l'une sans l'autre. Il y a même entre le dessin et les mots une certaine harmonie agréable aux yeux comme à la pensée, et ce n'est pas le moindre charme de ces deux devises et de celles qui leur ressemblent. Mais hélas ! bien peu leur sont comparables. Tantôt un emblème énorme et compliqué est accompagné d'un seul mot qui l'explique à peine ; tantôt un dessin minuscule a pour âme une phrase entière ; ainsi la devise de Coëtanlem, où se voit sous un lys ce verset d'Isaïe : *Germinavit sicut lilium et florebit in æternum ante Dominum* (Il a germé comme le lis et il fleurira éternellement devant le Seigneur). Bien mieux, il en est qui n'ont point de corps, et ce sont, disent les vieux auteurs, des âmes errantes, de vrais feux follets voltigeant sans se fixer nulle part et dont on entend la voix sans les apercevoir. Ce défaut était très commun, surtout dans l'antiquité. On retrouve de ces devises fausses en exergue autour des pièces de monnaie, gravées sur les sceaux, inscrites sur les murs et les tapisseries, placées au-dessous de certaines armoiries ; telles sont le : *Veni, vidi, vici,* de Jules César ; le : *Pour ce qu'il me plaît,* d'Olivier de Clisson ; l'*aultre n'auray,* de Tournemine ; et enfin la devise de l'illustre maison de Bourbon : *Espérance,* que l'on voyait encore en 1600 brodée sur les tentures de la salle du Conseil d'Etat.

Aussi mauvaises sont les devises sans âmes. En voici quelques-unes : le *cheval* et l'*aigle* des légions romaines, le *griffon* d'Ollivier, l'*échiquier* de Salomon de Bretagne, puis celles que nous retrouvons dans les chroniqueurs Froissard, Monstrelet, Olivier de la Marche et les autres historiens : le *fusil* des ducs de Bourgogne, le *chardon* des ducs de Bourbon, les *roses blanches et rouges* d'York et de Lancastre. Ces devises sont certainement incorrectes, mais, il faut le dire, elles sont, pour la plupart, antérieures à la bonne époque, ou appartiennent à des capitaines se souciant fort peu des règles et des professeurs ; peut-être aussi ont-elles perdu ce qui leur manque en traversant les âges pour venir jusqu'à nous et ont-elles été complètes autrefois. Leur grand défaut est d'abord de ne point contenir de comparaison suffisante, et ensuite d'offrir plusieurs interprétations différentes à l'esprit; en un mot elles manquent de précision et de clarté.

II.

La devise ne doit pas être trop obscure. Les choses trop difficiles excitent d'abord l'esprit, mais elles ne tardent pas à le fatiguer, il se rebute et les abandonne. Saint Jérôme, raconte-t-on, pâlissait depuis plusieurs jours sur les satires de Perse. Désespérant de parvenir à comprendre les obscurités dont elles sont pleines, il jeta le livre au feu en disant : **Tu ne veux pas être entendu, aussi ne te veux-je entendre.**

Il fit bien ; et cependant Perse est un auteur renommé, et
saint Jérôme, on nous l'accordera, était une intelligence peu
ordinaire. Que serait-ce donc si les auteurs de devises
adressaient à la foule des énigmes dignes du sphinx. Si
l'emblème est énigmatique, les paroles doivent en être la clef.
Tout le monde n'a pas lu le livre d'Erasme : *obscura claritas*
et les OEdipe sont rares. De plus, souvent ces sortes de rébus
sont de mauvais goût, et nous ne croyons pas qu'il faille
beaucoup vanter l'ancienne devise des Médicis ; c'était un
diamant entouré de plumes, avec ces paroles : *semper
adamas in pœnis*, on jouait ainsi sur la consonnance
des mots *peine* et *penne*. Au temps des carrousels, des
tournois et des joûtes on prohibait la multiplicité des
figures. Il fallait que la devise puisse se saisir d'un
seul coup d'œil, autrement il eût été difficile d'en concevoir le sens général et *à fortiori* de se rendre compte
des détails, pendant le court intervalle qu'exigeaient une
ou deux passades. Pour le même motif, on ne pouvait employer
que des animaux, des plantes et des objets ordinaires et
communs, et encore dans leur véritable signification. Sans
cette précaution, il eût fallu supposer aux spectateurs une
science approfondie de l'histoire naturelle. Le mot et la
figure devaient donc être assez simples et assez frappants
pour se graver dans la mémoire. La réflexion permettait
ensuite aux esprits les plus lourds de deviner et d'ajouter
leurs critiques ou leurs applaudissements à ceux de leurs
voisins, qui, plus subtils, avaient compris tout d'abord.
L'unité dans les figures est, on le voit, nécessaire. Sont-
elles cependant réduites à la représentation d'un seul objet ?
Non certes, mais il doit y avoir une figure principale, très
saillante, autour de laquelle viennent se grouper les autres.
Ainsi il est permis de représenter une lune entourée d'étoiles,
une enclume accompagnée du marteau et des tenailles, etc,
Si plusieurs figures forment un tout, elles sont admises aussi :
un firmament constellé d'étoiles, une palette chargée de

couleurs, un rocher battu par les flots, la pluie et les vents
sont de bons corps de devises, pourvu que l'exécution ne
nuise pas à l'idée et que le pinceau de l'artiste la rende clai-
rement. Si la devise ne doit pas être obscure, il faut se garder
de la composer uniquement pour les cerveaux épais dont
nous parlions tout à l'heure. Il ne faut pas que le premier
rustre venu puisse la comprendre, et si le voile ne peut pas
être trop sombre, on doit éviter une transparence complète.
Ce n'est pas une devise que le mot : *Roma* mis au bas d'une
statue représentant la République romaine ; c'est une simple
inscription : *Una hirundo non facit ver* (une seule hirondelle
ne fait pas le printemps), n'en est pas une non plus ; c'est la
simple constatation d'un fait. Trop claire encore la devise
des Le Chauff : *Pretium nec vile laborum* (noble prix de nos
labeurs) placée au-dessous de leurs armoiries. Il faut un peu
plus de difficulté pour piquer la curiosité, et d'ailleurs l'âme
de la devise n'en étant que la moitié, il ne faut pas qu'elle
achève le sens à elle seule ; il est nécessaire, nous le répétons,
qu'elle laisse quelque chose à faire à l'emblème. « La peinture,
dit Adrien d'Amboise, doit s'entendre par la lettre et la lettre
par la peinture. » Un phénix, à demi-brûlé sur un brasier, avec
ces mots : *Ut vivat*, est un assez bon modèle ; il faut pour
l'expliquer savoir que le phénix renaît de ses cendres, et
l'âme : *Ut vivat*, n'a seule aucun sens.

III

Che soprà tutto habia bella vista (que sur toute chose la
devise ait belle apparence), dit Paul Jove. En effet, la devise
rappelle presque toujours un dessein ou une action héroïque,
et les êtres laids et difformes ne sauraient lui convenir. De
plus, c'est, avons-nous dit, une métaphore, une comparaison,
et l'on ne peut comparer les vilaines choses aux belles, ni
s'en servir pour les exprimer. Cherchons donc ailleurs. Rien

n'est plus facile. Les sujets nobles, agréables et piquants, abondent. Le champ de la devise est vaste, et pour ainsi dire, sans limites. La nature toute entière, avec ses mille ressources, la métaphysique et l'infinité des êtres moraux et imaginaires, sont là, tentant l'œil et l'esprit. Cherchez-vous un corps pour votre devise? vous pouvez puiser à pleines mains dans les trésors de la nature, ou dans ceux de votre imagination, vous contenter de ceux-ci ou de ceux-là, ou bien encore en faire un heureux mélange. Vous pouvez prendre pour emblème : le soleil, la lune, les étoiles, un oiseau, un poisson, un lion, un serpent, un arbre, une fleur, un diamant, un bloc de marbre, etc., peindre un dragon, un sphinx, un hippogriffe, une hydre, les monstres du zodiaque; réunir le serpent à l'arbre, placer le diamant dans le bec de l'oiseau, le sphinx sous un ciel étoilé, le dragon sur des fleurs. A peine les maîtres ont-ils restreint votre essor par certaines prohibitions, et tentent-ils de guider votre choix et votre goût par quelques conseils. Le corps de la devise, disent-ils, doit être réel ou fabuleux : réel, s'il se trouve dans la nature, fabuleux s'il adopte les formes que la fable a consacrées, mais il ne doit jamais être chimérique, contre nature et représenter, par exemple, un astre hors du firmament ou un animal hybride et invraisemblable. Un croissant avec une colonne entre ses deux pointes qu'elle empêche de se joindre, est donc une devise défectueuse. Défectueuse aussi, celle où l'on voit une tortue ailée. Le premier de ces deux emblèmes fut cependant choisi après la bataille de Lépante, par le prince Colonna, il y ajouta ces mots : *Ne totum impleat orbem,* pour montrer qu'il avait empêché, par sa victoire, les Turcs d'envahir le monde. Le second est du prince de Salerne : *Amor addidit.* (L'amour les a ajoutées), disait-il. Les allégories ne sont pas non plus permises : une bêche de fossoyeur ne peut représenter la mort, ni un laurier la victoire. La devise de Beschard, avec ces mots : *Memorare novissima tua.* (Souviens-toi de ta dernière fin), n'est donc

pas régulière. Cependant, on peut excuser ici ce léger défaut,
parce que les bêches ont été pour ainsi dire imposées par le
nom. Il faut surtout se garder, soit que l'on s'adresse à la
fable, soit qu'on fasse son choix dans la nature, d'offrir aux
yeux une peinture repoussante, horrible ou même seulement
difforme, comme les crapauds. les araignées, les vers de
terre, Cerbère et ses trois gueules, les Harpies, les instruments des métiers les plus vils, comme le tire-pied des cor-
donniers, le racloir des tanneurs, les crochets du commis-
sionnaire, la hotte du chiffonnier. Le serpent fait presque
toujours horreur et ne devrait pas entrer dans la devise, mais
le P. Bouhours lui fait grâce par plusieurs raisons. D'abord il
a, dit-il, un caractère symbolique, ensuite certaines espèces,
le basilic entre autres, sont ornées de vives couleurs, et
présentent un agréable aspect.

IV

Le corps humain est ce qu'il y a de plus noble dans la
nature, et si Dieu l'a pétri d'argile

> « Os homini sublime dedit, cœlumque tueri
> Jussit, et tendere ad sidera vultus. »

Il permit à l'homme de porter haut la tête et de tourner
son visage vers les astres) Ovide.

A ce titre il rentrerait dans le cadre de la devise et en
serait un des plus beaux ornements. Cependant tous les
bons auteurs l'en ont exclu, sauf Ruscelli, Aresi et Tesauro, et
la raison qu'ils donnent de cette exclusion est péremptoire.
Ne l'oublions pas, la devise est essentiellement une comparaison métaphorique entre elle-même et celui qui la porte.
« Elle a pour but, de montrer la proportion qui existe entre

l'homme et la figure, sur quoi la similitude est fondée[1]. » Il est impossible de comparer une chose à elle-même : le corps humain à l'homme. Et trouverait-on quelques sujets de comparaison entre un homme et un autre, cette comparaison ne serait pas métaphorique. « Le propre de la métaphore, dit encore le P. Bouhours, est de transporter une signification de son lieu propre à un sujet étranger, ce qui ne se peut faire à l'égard de l'action d'un homme et de celle d'un autre homme, étant tous deux de la même essence et dans le même ordre. » Ainsi les devises de plusieurs rois, capitaines et savants du dix-septième siècle, sont fausses, malgré la pensée souvent ingénieuse qui les a inspirées. Lancelot de Taille, capitaine et auteur dramatique, portait un homme foulant un monde aux pieds, et serrant à la main une pique sur la banderolle de laquelle était écrit cet hémistiche de Virgile : *Non inferiora secutus.* (N'a pas fourni une carrière moins glorieuse). On peignit pour Philippe II, après l'abdication de Charles-Quint, un Hercule portant le ciel, avec ces mots : *Ut quiescat Atlas.* (Pour qu'Atlas se repose).

A propos de la réforme de la monnaie d'Henri III, en 1577, Adrien d'Amboise proposa de frapper des jetons sur lesquels on verrait le Dieu des richesses assis sur un cube, les ailes ployées, les yeux bandés, et garotté de grosses chaînes d'or avec ces mots écrits sur le cube : *Sedet æternumque sedebit.* Cette image bizarre, trouvée alors très belle et très significative, voulait dire, paraît-il, que l'on espérait la fixation définitive de la valeur et de l'alliage des monnaies. Malgré les figures humaines d'Hercule et de Plutus, ces deux dernières devises ne furent pas universellement blâmées. Certains maîtres acceptaient volontiers les dieux de la fable. Ils oubliaient que toute la religion des Grecs et des Latins était fondée sur l'antropomorphisme, et que les attributs dont ces prétendus dieux étaient munis, les costumes extravagants

---

[1]. *Entretiens* d'Ariste et d'Eugène.

dont ils étaient parés ne suffisaient pas à leur ôter la forme humaine. Jupiter et son tonnerre, Hercule avec sa massue et sa peau de lion, Bacchus avec son thyrse, Silène et son tonneau, l'Amour et son arc, etc., sont donc prohibés. Il en est de même de Satan, à qui l'on a donné la figure d'un homme hideux et convulsé, des fées, des nains et de toutes les formes sous lesquelles on s'est plu à représenter les mauvais esprits. On ne doit faire grâce aux portraits et aux statues qu'à une seule condition : c'est qu'ils entrent dans la devise, non comme portraits et reproductions de la figure humaine, mais comme œuvres d'art. La comparaison qu'on en tire n'a alors aucun rapport avec la personne dont les traits ont été peints ou sculptés, telle cette devise, où l'on voit une main armée d'un ciseau, achevant la statue d'un grand homme : *Perficitur dum cœditur* (En la frappant on la rend plus parfaite), lit-on sur le socle. En cela, il n'est ici question d'aucune figure spéciale, et la statue représenterait-elle Alexandre ou César que cela n'ajouterait rien à l'idée.

Mais la main tenant un ciseau suffirait à gâter cette devise. Les différentes parties du corps humain ne sont pas plus admises que le tout. Il paraît choquant et monstrueux à plusieurs auteurs de les voir séparées et coupées, comme une oreille en l'air, un œil au bout d'un sceptre, un cœur au haut d'une pyramide, une main coupée sur un livre. Il est cependant permis de figurer une main sortant d'un nuage, parce qu'alors elle n'est pas coupée et que le reste du corps est supposé caché par ce nuage. Les maîtres nous semblent ici bien sévères, et nous passerions outre, au moins pour la main. C'est du reste le sentiment de plusieurs bons juges dans la matière, entr'autres celui d'Aresi. « Elle est, dit-il, d'une nature particulière, et propre à fonder non-seulement une comparaison, mais aussi une métaphore. » Il en apporte un exemple tiré de la distinction et de l'inégalité des doigts, qui rendent la main plus belle, et pour faire une devise, il ajoute ces paroles : *Disparitate pulchrior*, (l'inégalité me rend plus belle). Il prétend exprimer par là que la diversité des esprits et des humeurs rend la société des hommes plus agréable.

V

Le mot de la devise est, pour ainsi dire, son nom, dit Adrien d'Amboise. « C'est un vieil proverbe, puisqu'un beau nom ne coûte non plus à donner qu'un laid, les pères ne doivent jamais estre chiches ou négligens d'en procurer un beau à leurs enfants. Ainsi les autheurs des devises ne doivent leur espargner quelque beau et delectable subiet, ny aussi quelque beau mot pour y servir d'ayde. » Il n'en est pas tout-à-fait ainsi. L'âme de la devise ne la nomme pas, ce serait la rendre trop claire, et contrevenir à ce que nous avons dit précédemment. Elle doit en faciliter l'interprétation, et cacher le sens juste assez pour piquer la curiosité et exciter l'esprit. La clarté ne dépend pas du grand nombre de mots, et souvent un seul en dit plus qu'une douzaine. Mais là encore est un juste milieu dépendant de mille circonstances ; il faut du tact et du goût pour le rencontrer. On convient généralement qu'un mot employé seul a trop de sécheresse et de dureté, il est disgracieux à l'œil comme à l'oreille. Par exemple, le *Fac* (agis), des chanoines de Guérande, l'*Æternitati* (A l'éternité) de Pierre Le Marchant, trésorier de France à Caen. Le premier n'a qu'une syllabe et le second en a cinq et tous deux sont sans harmonie. Deux ou trois mots valent mieux. L'*Atavis et armis* des Chasteigner ; le *Percussus surgo* des Chabot, ont du nombre et sont agréables à entendre. En somme, on peut aller jusqu'à trois mots de trois syllabes, et dire ce qu'Aristote disait des convives d'un festin bien ordonné :

« Au moins autant que les Grâces, jamais plus que les Muses. »
Ce précepte n'est pas si exclusif qu'il ne souffre une exception en faveur de la poésie. Le rythme du vers chatouille
l'oreille, et les maîtres autorisent quatre ou cinq mots et,
plus, surtout dans les vers italiens dont la cadence est si
gracieuse. On peut donc choisir pour sa devise un hémistiche d'un poëte ou même un vers tout entier, mais c'est là
tout ce qui est accordé et l'emploi, du plus court distique
est, à leur avis, une faute. En outre, ce que l'on recherche
dans le vers c'est l'harmonie, il faut donc bien se garder de
tailler à tort et à travers dans l'œuvre des poëtes et de la
défigurer. Deux mots pris au milieu d'un vers, enjambant
d'un hémistiche sur l'autre, ne sont plus que de la prose, et
souvent assez mauvaise. Il faut donc chercher avec soin, et
si l'on tient absolument à tirer l'âme de sa devise d'un bon
auteur, il n'en manque pas : la Bible, les sentences des
philosophes anciens et modernes, les proverbes et les dictons
populaires tant de fois recueillis, les poètes grecs et latins
dans l'antiquité, et la multitude des poètes modernes de tous
les pays ; voilà, nous semble-t-il, une mine inépuisable. Si
l'on donne aux paroles de l'auteur, un sens différent du sien,
la devise n'en sera que plus spirituelle. Par exemple, Virgile
dit en parlant de la renommée : *Mobilitate vigét, viresque
acquirit eundo*, on a appliqué ingénieusement *Mobilitate viget*,
à une horloge, et *Vires acquirit eundo*, à une rivière. Ce
genre de travestissement n'est pas difficile à opérer et
quelques érudits du bas empire, à qui l'on ne peut refuser,
à défaut de talent, une mémoire heureuse et une patience à
toute épreuve, l'ont bien prouvé. Ils se sont attachés à écrire
des poèmes uniquement composés d'hémistiches de Virgile
et leurs œuvres, appelées centons, sont un curieux monu-
ment du mauvais goût byzantin. Une de ces pièces, comparables au manteau d'Arlequin, a pour auteur Probo Falconia
et, composée sous Théodore le Jeune, contient toute l'histoire
du vieux et du nouveau Testament. Un savant du moyen-

âge, l'italien Lœlini a donné dans le même travers ; et presque tous les faiseurs de devises, le P. Lemoine et le P. Ménestrier entr'autres, ont largement puisé dans Virgile et dans Horace.

Qu'il soit tiré d'un prosateur, d'un poëte, ou du cerveau de celui qui le cherche, que le nombre de ses syllabes soit pair ou mieux impair, pour se conformer à l'adage : *Impari numero gaudet divinitas*, qu'il soit court ou s'allonge en hexamètre, le mot de la devise doit être vrai, c'est-à-dire ne rien exprimer qui ne soit contenu dans le corps, et ne donner à ce corps aucune propriété qu'il n'ait en lui-même, ni aucun sentiment dont il ne puisse faire preuve. D'après cela, tous les mots qui expriment une pensée morale, ou qui ont rapport seulement à la personne, ne sont pas justes, comme : *Domine, probasti me*, pour l'or dans le creuset; *Ardo y adoro*, pour l'encens allumé dans l'encensoir; *At lacrymis mea vita viret*, pour l'amaranthe dans l'eau ; car ces paroles ne peuvent s'entendre sans fausseté, ni de l'or, ni de l'encens, ni de l'amaranthe ; l'or ne parle pas à Dieu, l'encens ne peut adorer, et personne ne vit jamais pleurer l'amaranthe. Si le mot ne convenait quà l'a figure il serait aussi défectueux ; il faut qu'il se rapporte à la figure et à la personne, et soit conçu en termes assez équivoques pour s'appliquer à chacun en particulier et aux deux ensemble Un exemple le fera mieux comprendre. Outre son : Que sais-je ? Montaigne avait une autre devise, c'était deux épis, dont l'un très gros se penche vers la terre, l'autre très mince, reste droit sur sa tige : « Plus il est plein, plus il s'abaisse ; plus il est vide, plus il se relève. » A part la trop grande longueur du mot, cette devise est excellente. Le sens littéral est que sa pesanteur courbe l'épi, mais le sens moral est plus profond : les sots ont seuls de la jactance, a voulu dire l'auteur des *Essais*, et le savant véritable est modeste. Ici les deux sens frappent d'un seul coup l'esprit qui compare, et se rend en même temps compte de la figure et de la chose figurée. De plus,

cette devise contient une antithèse, et cela n'est pas son
moindre agrément. La herse des Hersart, avec ces mots :
Evertit et æquat ; un miroir et : *Omnibus et nulli,* sont des
modèles à imiter, surtout si l'on peut rencontrer deux mots
ayant à peu près la même consonnance, sans avoir la même
signification. *Patiar ut potiar,* a-t-on dit pour un papillon
qu'attire un flambeau. D'ailleurs le mot sera toujours bon,
du moment qu'il sera spirituel et ingénieux.

Afin d'ajouter encore à cette ingéniosité, on a recommandé
le changement de langue, et ce précepte a été suivi assez
scrupuleusement. Les Français, les Italiens, les Espagnols
un peu moins peut-être, se sont prêté leur langue maternelle,
et le latin, le grec, voir même l'hébreu, n'ont pas été oubliés.
Tant que des prélats instruits, de doctes académies et des
hommes d'étude sont seuls à se servir de ces deux derniers et
savants idiomes, ils se comprennent entre eux et ça leur
suffit, mais si des hommes d'épée comme les Montmorency,
dont la première devise est απλανοδ (sans errer) avec une étoile
pour corps, si des femmes, comme la reine Catherine de
Médicis, dont la devise est un arc-en-ciel, avec ces mots
φῶς φεçοι ἡ δε γαλῆνην, (qu'il porte la lumière et la tranquillité),
adoptent le grec ou l'hébreu, c'est évidemment une faute de
goût et une erreur de jugement. Ces devises sentent trop
la main du chapelain et de l'historiographe. Il vaudrait mieux
qu'elles fussent plus simples, et que ceux qui les portent
pussent en être cru des auteurs. Les langues vivantes de
nos pays frontières sont toutes représentées dans les devises.
On les rencontre dans toute la France, mais principalement
italiennes près des Alpes, espagnoles au pied des Pyrénées,
flamandes dans le Nord, allemandes sur les bords du Rhin.
Cependant, chose digne de remarque, nous n'avons presque
pas de devises anglaises, tandis que les Anglais possèdent
un grand nombre de devises françaises. « Et pourtant, dit
Larrousse, si les Normands du duc Guillaume le Conquérant
ont envahi et subjugué la Grande-Bretagne, par contre nos

voisins d'Outre-Manche ont occupé assez longtemps une
partie du sol français, notamment la Guyenne. C'est que la
race anglo-saxonne vient plus facilement à nous que nous
n'allons à elle. » Il ne faut pas oublier les langues et les
patois de l'intérieur de la France. Plus d'un vieux dicton
populaire, plus d'un vers de fabliaux ou de chansons s'est vu
transporter sur le listel d'un écusson fameux, et Basques
et Picards, Limousins et Gascons, Bas-Normands et Bretons y
ont fait assaut d'esprit et de fine raillerie. Le Breton surtout
convient merveilleusement à la devise, de sa concision expres-
sive jaillit l'idée avec plus de force, et la singularité bizarre
et heurtée des mots leur donne du piquant et leur laisse
l'attrait mystérieux de tout ce qui touche aux Celtes.

VI.

Des différentes sortes de devises.

Nous venons de donner les principales règles de la devise, mais dans le nombre de celles que nous retrouvons sur les blasons de nos preux, combien peu sont
régulières. Elles ont cependant toutes leur genre de beauté,
qui procède surtout du sentiment qu'elles expriment ou de
la manière dont est exprimé ce sentiment. De là deux classi-
fications, dont nous allons essayer de donner l'idée. Dans la
première, nous les distinguerons en chrétiennes, héroïques,
amoureuses, satiriques, morales et politiques.

Chrètiennes, inspirées par une foi ardente, elles sont généralement belles et touchantes. Elles sont un acte de foi comme
celle de Chaton : *Dieu et mon courage* ; d'espérance comme
celles des Montier de Mérinville : *Quod opto est immortale* ;
ou de charité et d'amour de Dieu, et une demande de secours

à Dieu, à la sainte Vierge et aux saints. Elles ont ordinairement pour corps de saintes images et tous les genres de croix inventés par les héraldistes. Cependant il en est dont les figures sont profanes : une vigne taillée et chargée de fruit, avec ces mots : *Dopo le lagrime i frutti* (Après les larmes, les fruits), donne à entendre que les larmes de la pénitence produisent les fruits de la grâce et de la gloire ; un drapeau déchiré avec ces mots : *Quanto lacera più, tanta più bello* (Plus il est déchiré, plus il a de grâce), représente les beautés de la pauvreté évangélique.

. Les devises héroïques, propres aux grands princes, aux grands capitaines et à tous ceux qui désirent arriver à la gloire, sont noblement écrites et pensées. L'épigraphie héraldique en fourmille. Tantôt elles présagent une action héroïque, tantôt elles en gardent le souvenir : *Plutôt mourir que mentir*, disent les Couëtus ; *Dré ar mor* (Au-delà des mers), disent les Autret, dont les ancêtres se sont croisés.

Les devises amoureuses sont bien près des devises héroïques. Hercule n'a-t-il pas filé aux pieds d'Omphale, et nos chevaliers ne combattaient-ils pas pour leur dame. Les tournois, les joûtes, les carrousels, les cours d'amour surtout en ont été l'école, et quelquefois une devise passionnée, artistement brodée sur un pourpoint de velours, ou étalant ses émaux sur l'acier poli d'une armure, a fini par toucher le cœur d'une cruelle. Le comte Clément Pietra, bon homme de guerre, en prit selon la diversité et occurrence des sujets et la disposition de ses affaires. Voulant quitter sa Dame, et en témoigner son extrême regret, « il prit un éléfant qui sçachant qu'on ne le chasse que pour avoir ses dens d'yvoire, les brise contre un arbre et les laisse avec ces vers de Pétrarque : *Lasciai di me la miglior parte a dietro.* » (Je laisse derrière moi la meilleure part de moi-même[1]). On a aussi exprimé la générosité d'un véritable ami et les sacrifices

---

[1] Adrien d'Amboise, page 31

qu'il est prêt à accomplir par une cassolette où se consume des parfums : *Dum placeam, peream* (Que je périsse, pourvu que je plaise). Certains amants, loin de montrer cette passion ont plaisanté la dame de leurs pensées et se sont probablement ainsi vengé de ses dédains, mais ces devises restent dans la catégorie des devises satiriques et d'ailleurs elles sont pour la plupart tellement grossières qu'on nous saura gré de passer outre.

De tout temps, la satire a mordu un peu au hasard dans la foule, comme un chien démuselé. Châtiant justement quelquefois, quelquefois aussi servante de la haine, elle a rencontré sous sa dent l'innocent et le faible. Les auteurs italiens ne veulent pas admettre la devise satirique et burlesque. Elle est aussi déplacée, disent-ils, au milieu des autres devises, que le seraient des bohémiennes parmi des femmes de qualité. Ce jugement est bien sévère. C'est une fort jolie devise que celle où l'on peint le parasite, prêt à supporter tous les brocards pourvu qu'il ait sa place à table, sous les traits d'un âne mangeant des chardons : *Fungant dum saturent*. Qu'ils me piquent, pourvu qu'ils me gorgent. En voici quelques-unes du même genre : On a représenté un bavard de belle mine par un paon, avec ces mots : *Ut placeat taceat* (Qu'il se taise, s'il veut plaire) ; un juge corrompu à force de présents par une balance, avec ces mots : *Piega onde più riceve* (Je penche du côté d'où je reçois le plus) ; un général, battu au nord et au midi, trouva un jour accroché à son balcon, un tambour d'enfant sur lequel on avait écrit : On me bat des deux côtés.

Au temps où faire des devises était une occupation pour les gens de qualité et un délassement à la mode, la malice humaine, toujours prête à s'exercer, avait beau jeu, et lorsqu'on pouvait servir, dans un salon, une allusion mordante et spirituelle sous forme de devise, on ne s'en faisait pas faute. Cela n'était-il pas, du reste, plus élégant que nos calambours et nos combles. La devise se produisait parallèlement à la chanson. Plus d'un ministre, plus d'un monarque même a senti le dard de ces guêpes, et la blessure s'est quelquefois envenimée au point de causer de véritables souffrances. Charles Quint, avait choisi pour devise les colonnes d'Hercule, avec ces mots : *Plus ultra.* Forcé par le duc de Guise de lever le siège de Metz, il dut subir les plaisanteries de son ennemi qui attacha son aigle sur les colonnes du monarque espagnol, en écrivant au dessous : *Non ultra metas.* Quand les faiseurs de devises ne plaisantaient pas les princes, ils s'avisaient parfois de les diriger et de leur donner des leçons de politique et de morale, Il existe des quantités de ces sentences prétentieuses, de ces petits sermons, moitié dessins, moitié paroles. En voici quelques-uns : Par une bride de cheval, on veut exprimer l'action de la loi sur les peuples : *Regit et corrigit.* (Elle dirige et châtie) ; par une citadelle au milieu des flots, les bienfaits des guerres étrangères qui servent quelquefois à la conservation des Etats : *Me combateu y me deffienden.* Ils me combattent et me défendent) ; par un fleuve sinueux, les détours diplomatiques : *Obliquus, non devius* (Par détours, mais sans s'égarer), et enfin, par un soleil rayonnant, les devoirs du prince qui doit penser à ses peuples avant de penser à lui-même : *Non sibi, sed mundo* (Ce n'est pas pour lui-même qu'il brille mais pour le monde).

VII

On le voit, la devise peut exprimer tous les sentiments, toutes les idées, et cependant ses procédés sont simples Tantôt elle appuie la pensée qu'elle exprime sur une comparaison tirée d'un objet quelconque, tantôt elle l'énonce en langage ordinaire et la cache plus ou moins dans un jeu de mots ou de lettres, tantôt enfin elle laisse deviner cette pensée sans l'exprimer autrement que par une figure.

Nous n'avons rien à dire de plus sur le premier de ces procédés, c'est le plus parfait, il n'exclue même pas les autres. On le retrouve fréquemment employé par les héraldistes de la bonne époque. La devise des d'Andigné, par exemple, prend son corps dans leur blason, et son âme : *Aquila non capit muscas,* les compare à des aigles ; celle des Le Chat de Kersaint : *Mauvais chat, mauvais rat,* les compare aussi au chat effarouché de leurs armes, mais de plus répète leur nom. Mathieu Poli, mort vers 1560, inhumé à Saint-Chrysogone, à Rome, qualifié dans son épitaphe « *nobilis et strenuus capitanus,* » avait pris cette orgueilleuse devise : *Quis altior polo*? qui jouait sur le mot *polus,* ciel. Lorsque les faiseurs de devises n'ont pu trouver dans les armoiries un corps convenable, ils ont cherché une sentence, un proverbe ou un dicton équivoque au nom de famille, ou bien en rapport avec la caractéristique physique ou morale d'une lignée. Ils ont aussi souvent rappelé les exploits d'un ancêtre : « *J'ai valu, vaux et vaudray,* » disent les Vaudrey, et en outre de sa signification morale, ce jeu de mots avait une signification territoriale : les Vaudrey ont en effet possédé les trois terres de Valu, Vaux et Vaudray. Les Disemieu se vantent de bien dire : « *Il n'en est nul qui dise mieux,* » et les Thest sont fiers de ne point parler : « *De tout me tais.* » Que l'on nous permette de raconter ici, comme exemple de devise rappelant un fait glorieux, la touchante histoire du duc de Medina-Sidonia. En 1293, les Maures, au siège de Tarifa, après plusieurs assauts, donnés sans succès, sommèrent le gouverneur de la forteresse, don Alonzo-Perez Guzman, duc de Medina-Sidonia, de capituler, en lui déclarant qu'en cas de refus ils feraient mourir sous ses yeux son fils qu'ils avaient fait prisonnier. Dans cette cruelle alternative, cet homme héroïque n'hésita pas : il s'avança vers le bord de la tour, et là il lança son poignard aux assiégeants, en leur criant pour toute réponse : « *Maf pesa el rey que la angre.* » (Le roi l'emporte sur le sang). Ces mots restèrent

la devise de la famille. On y ajouta plus tard une tour sommée d'un chevalier jetant un poignard, mais les paroles de
Guzman se passèrent longtemps de corps, et cette addition
ne leur donne rien de plus.

Parfois, soit dans le but de réserver à un petit cercle de
partisans la connaissance d'un mot d'ordre, soit pour rendre
la devise plus agréable, en en faisant un peu chercher le sens,
on a voulu l'écrire en tout ou en partie par des initiales.
Voici les plus connues en ce genre : l'Autriche a pour devise
les cinq voyelles de l'alphabet : A. E. I. O. U. qui commencent
les mots : *Austriæ est imperare orbi universo* (L'Autriche
doit commander au monde entier). Cette devise est passable-
ment outrecuidante, mais elle a le mérite d'une interprétation
unique et facile. On n'en peut dire autant de celle de la maison
de Savoie. Les quatre lettres qui la composent figurent encore
sur le collier de l'Annonciade. Que peuvent signifier, dit M. le
baron de Watteville,

F. E. R. T.

Est-ce le mot latin *Fert* (Porter, ou emporter ou supporter) ?
Ou bien est-ce *Fortitudo Ejus Rhodum Tenuit* (sa valeur a
s uvé Rhodes), en parlant d'Amédée IV Le Grand, qui, en
1310, força les Turcs à lever le siège de cette ville ?
Est-ce *Fœdere et religione tenemur* (Nous sommes liés par
le pacte et par la religion) ?
On l'a interprétée de bien d'autres façons encore : on y a
lu : Frappez ! Entrez ! Rompez Tout ! Les ennemis d'Amédée
VIII (1334), l'interprétaient contre lui en disant : *Fœmina Erit
Ruina Tua* (La femme sera ta ruine).
D'autres enfin assurent qu'il faut lire cette devise à rebours
comme le prétendaient en 1660 les Français, maîtres de la
Savoie : Tout Retournera En France !....
On le voit, ces quatre lettres présentent les sens les plus
variés. Et si d'après les maîtres, c'est un défaut, c'est au

moins un défaut séduisant. La maison de Kergos, laisse tout
de suite deviner le rébus de sa devise qu'elle écrit : M qui T. M.

Les devises de simple figure peuvent aussi être interprétées
de différentes façons. Nous en avons longuement parlé au
commencement de cet essai, nous en avons cité de nombreux
exemples et nous n'y reviendrons pas. Disons cependant que
toutes les pièces d'armoiries ont une signification propre et
sont en quelque sorte une devise sans âme. On a donc une
seule chose à faire pour la compléter : trouver une pensée
métaphorique, basée sur un rapport de personne ou de
lignage, et l'ajouter à son blason.

VIII.

De la place des devises.

Les auteurs du XVIe et du XVIIe siècles, se sont beaucoup
occupés de déterminer les lieux où l'on pouvait mettre des devises, et de fait, il n'est guère d'endroit où l'on n'en trouve à
cette époque. Monnaies jetons et médailles enseignes et tapisseries, hôtels et châteaux, litières et carrosses, montres et
bijoux, serres, grottes et jardins, tout en est rempli, et l'on
peut en mettre partout, si l'on sait choisir avec goût la devise et sa place. Mais nous n'avons pas à nous occuper, au
XIXe siècle, de ces modes surannées, si ce n'est pour en
rappeler la grâce et la finesse à nos contemporains. L'usage
des devises héraldiques s'est seul perpétué et il nous reste
à dire où elles se placent lorsqu'elles accompagnent les
armoiries.

Au dix-septième siècle, dit le P. Ménestrier, les devises de
simples mots se plaçaient en cimier, et, s'il était composé d'a-
nimaux ou d'oiseaux, dans des rouleaux sortant de leur gueule
ou de leur bec. Mais plus tard, on trouva d'un meilleur effet
de la mettre au bas des ornements extérieurs de l'écu, sur

une espèce de ruban appelé *liston* ou *listel*. Les familles qui possédaient un cri l'ont alors posé symétriquement au-dessus de la couronne, et l'on agit de même aujourd'hui. Si la devise est complète, le corps se place en cimier et paraît sortir de la couronne. La statue de la sainte Vierge de Bruc ; la balle des Chabot, les cygnes de Créqui et de Serrant, le dextro-chère armé de Ferrier se peignent ainsi, et l'âme prend sa place habituelle sur le listel ; les Espagnols ont quelquefois admis la devise dans l'écu même, et certains ordres reli-gieux ont suivi cet exemple. Elle devient alors pièce d'ar-moirie, et se blasonne comme les autres meubles de l'écu. « Si étrange que cette coutume puisse paraître, dit M. Bessas de la Mégie, elle a cela de bon que la devise, faisant alors partie des armes, devient inviolable, c'est par là même un moyen fort précieux d'en assurer la perpétuelle hérédité. » Les devises des ordres de chevalerie se placent sur le collier de ces ordres. Mais tout ce que nous venons de dire sur la position de la devise héraldique n'est que la constatation d'une coutume, et aucune règle ne fixe la position des or-nements extérieurs de l'écu. Chacun peut donc faire en ce genre ce qui lui plaît, à cette condition : de ne pas lui faire franchir, comme les Espagnols, des limites considérées comme inviolables par les hérauts d'armes de toutes les époques.

DEVISAIRE

DE

BRETAGNE

2me PARTIE

DEVISAIRE DE BRETAGNE

IIe PARTIE

D'ACIGNÉ.

Bretagne, Maine, Anjou, Provence.

D'hermines à la fasce alésée de gueules chargée de trois fleurs de lys d'or.

Devise : *Neque terrent monstra* (Les monstres eux-mêmes ne me terrifient pas).

Cri : *Bretagne.*

La très ancienne maison d'Acigné est originaire de Bretagne (ramage de Vitré), mais on la trouve aussi dans le Maine et l'Anjou, et même de nos jours en Provence. Elle a pour devise : *Neque terrent monstra* (Les monstres eux-mêmes ne me terrifient pas).

L'effroi qu'inspiraient au moyen âge les monstres de toutes sortes, géants, tarasques, dragons, etc., est indiscutable, et se retrouve dans l'histoire et les légendes. Il est naturel qu'un chevalier affirme son courage par le dédain de tous les dangers ; même les plus terribles et les plus mystérieux. On fit une devise à peu près semblable pour Louis XIII à son entrée à Toulouse en 1621. *Nec monstra morantur.* Les monstres eux-mêmes ne m'arrêtent pas. Les mots : *Nec monstra morantur* étaient écrits au-dessous d'un tableau où l'on voyait le Soleil entrant dans le signe du Lion.

Les Agnel de Bourbon d'Acigné, actuellement en Provence, portent comme devise : *Probitas, virtus et fidelitas :* Probité, courage et fidélité.

B. de Flor.

D'ADHÉMAR.

Bretagne, Provence, Dauphiné, Languedoc.

D'or à trois bandes d'azur.

DEVISE : Plus d'honneur que d'honneurs.

CRI : *Lancea sacra* (Lance sacrée).

La si belle devise : *Plus d'honneur que d'honneurs*, a pour corps les trois bandes que nous remarquons dans les armoiries d'Adhémar. La bande, quatrième des pièces honorables de l'écu, symbolise l'écharpe du chevalier. A Rome, comme plus tard dans les Gaules, le collier, la ceinture, l'écharpe et l'anneau étaient appelés *honneurs*, on en dépouillait les traitres et les félons.

Quant au cri *Lancea sacra*, nous le croyons inspiré par un épisode de la première croisade. La lance qui perça le côté de Notre-Seigneur, retrouvée miraculeusement, fut portée, au milieu d'une escorte choisie, à presque toutes les batailles, probablement par Adhémar, l'illustre évêque du Puy, qui fut enseveli dans l'église Saint-Pierre d'Antioche au lieu même où la sainte lance avait été découverte.

ALLENO.

D'argent à trois hures de sanglier de sable, arrachées de gueules.

DEVISE : *Mad é quélen épeb amzér* (Un conseil est bon en tout temps).

AMELOT DE CHAILLOU.

Touraine, Orléanais, Ile-de-France et Bretagne.

D'azur à trois cœurs d'or, surmontés d'un soleil de même.

DEVISE : *Est illis igneus ardor* (Ils ont une ardeur enflammée).

Cette devise a pour corps les cœurs d'or, enflammés par le soleil des armoiries.

AMYS DU PONCEAU.

D'argent au chevron brisé de gueules, accompagné de trois feuilles de sinople.

Devise : *Virtus et fidelitas* (Courage et fidélité).

ALOIGNY DE ROCHEFORT.

Touraine, Bretagne.

De gueules à trois fleurs de lys d'argent.

Devise : *Lilia semper florent* (Les lys fleuriront toujours).

Cette devise a pour corps les fleurs de lys des armoiries. Elle fait allusion à la vigueur et à l'éclat de la race.

D'ANCENIS.

De gueules à trois quintefeuilles d'hermines.

Devise : *Folium ejus non defluet* (La feuille ne tombera pas).

Les quintefeuilles ou roses des armoiries sont le corps de cette devise. C'est un texte emprunté au psaume Ier de David. Le roi prophète y compare l'homme de bien à un arbre planté sur le bord des eaux vives, Les feuilles ne tomberont pas parce que ses racines sont toujours baignées par une source féconde.

D'ANDIGNÉ.

Anjou et Bretagne.

D'argent à trois aiglettes de gueules, becquées et membrées d'azur.

Devise : *Aquila non capit muscas.*

(L'aigle ne prend pas de mouches).

Cette devise a pour corps les aigles des armoiries. Nous ne savons si la maison d'Andigné, originaire d'Anjou, l'apporta de cette province en Bretagne, lorsqu'elle y vint au seizième siècle. L'aigle, oiseau royal ne peut se contenter d'une proie infime. Un grand seigneur regarde comme au-dessous de lui toute mesquine vengeance.

Dans une querelle célèbre du moyen âge un docteur orgueilleux auquel on posait une question d'une simplicité primitive, s'en trouva froissé et répondit par ce proverbe : « *Aquila non capit muscas.* » — Son interrogateur ajouta : « *Nec Ecclesia superbos.* » (Ni l'Église les orgueilleux).

ANDRÉ.

D'argent au chevron de sable, accompagné de trois trèfles de même.

Devise : Sans venin.

Nous n'avons pu retrouver le corps de cette devise, mais Cassard, en Dauphiné, qui la porte aussi, l'accompagne d'une tête de licorne. Il est à présumer qu'André avait choisi cet emblême, la corne de cet animal fabuleux possédait, disait-on, de merveilleuses propriétés curatives. C'était un puissant antidote contre les poisons et les venins les plus subtils.

ANGIER ou ANGER.

Ramage de Lohéac.

De vair au bâton de gueules. Aliàs : *De sable à trois fleurs de lys d'or.*

Devise : *Fides* (Foi).

Ce mot est tout à la fois un cri et une devise. Nous ne pouvons pas établir sûrement de rapport entre lui et les armoiries ; cependant, en donnant par extension à *Fides* le sens de fidélité qu'il a quelquefois, il pourrait être allusif aux fleurs de lys des secondes armoiries.

Cette devise a été aussi portée par les ducs de Nevers.

D'ANGOULVENT.

De sinople à la fasce d'hermines.

Devise : *Vorat.*

Cette courte devise n'a pas de corps, elle fait allusion au nom d'Angoulvent. On sait que l'oiseau qui porte ce nom a le bec fort large et le tient toujours ouvert lorsqu'il vole. Il a ainsi l'air de fondre sur une proie. Malgré un rapport bien éloigné, c'est une comparaison que l'on a voulu faire entre cet oiseau et le chevalier se précipitant sur son ennemi.

AREL.

Ecartelé d'argent et d'azur.

Devise : L'honneur y gist.

Olivier Arel faisait partie des chevaliers Bretons qui s'illustrèrent au combat des Trente.

Cette devise est aussi celle des Gontaut-Biron.

D'ARGENTRÉ.

D'argent à la croix pattée d'azur.

Devise : *Porta cœli crux.* (La porte du ciel c'est la croix).

Cette devise a pour corps la croix pattée d'azur des armoiries. C'est sur cette vérité que repose notre foi, mais elle a ici un autre sens. Les papes promirent le pardon de leurs fautes et par conséquent le ciel à tous ceux qui prirent la croix et partirent pour la Palestine.

D'ARGOUGES.

Normandie, Bretagne.

Écartelé d'or et d'azur à trois quintefeuilles de gueules brochant.

Devise : *A la fé je crois.* (A la foi je crois).

ARMYNOT DU CHASTELET.

Bretagne, Bourgogne, Champagne.

D'argent à trois mouchetures de sable.

Devise : *Armis notus.* (Renommé par les armes).

Cette devise est équivoque au nom d'Armynot qui vient de deux mots latins : *Armis notus.* Ils désignent une origine militaire et font supposer une antiquité des plus reculée. (Courcelles, tome 1, p. 4).

D'ASSÉRAC.

Gironné d'or et d'azur de huit pièces.

Devise : Franc à tout venant.

Cette devise est fort ingénieuse, le giron des armoiries en est le corps. Toutes ses parties tendent vers le centre de l'écu, comme

autant de chemins. Le sire d'Assérac est censé placé au point de
jonction de toutes ses routes et peut répondre avec franchise à ses
amis ou à ses ennemis de quelque côté qu'ils viennent.

AUDREN DE KERDREL.

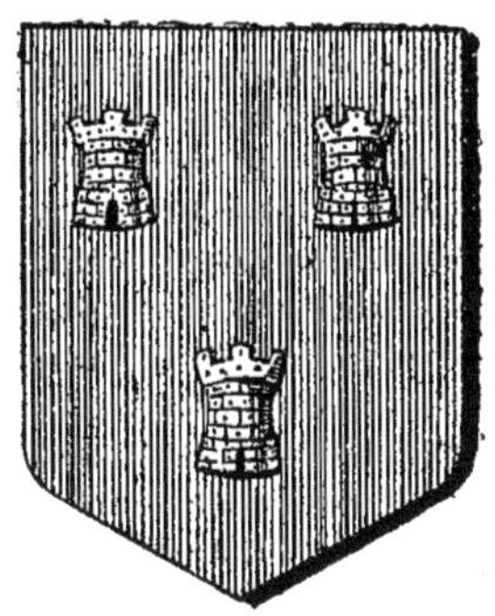

De gueules à trois tours couvertes d'or, maçonnées de sable.

DEVISE : Tour à tour.

Les tours de Kerdrel placées l'une à côté de l'autre, forment le
corps de la devise. Elles signifient que les Kerdrel seront tour à tour,
le fils après le père, les fidèles serviteurs de Dieu et du Roi.

D'AUMONT DE VILLEQUIER.

Beauvoisis et Bretagne.

*D'argent au chevron de gueules, accompagné de sept mer-
lettes de même, 4, 3.*

DEVISE : *Uni militat astro* (Il combat pour un seul astre).

Cette devise fait allusion à la fidélité des d'Aumont pour leurs
princes et pour leur patrie. Les services qu'ils rendirent à la France.
sont considérables et méritèrent à l'un d'eux, en 1655, le titre de duc
et pair.

AUTIER DE VILLEMONTÉE.

Bretagne, Auvergne, Bourbonnais.

D'azur au chef denché d'or, chargé d'un lion léopardé de sable.

DEVISE : *Nec dura nec aspera terrent* (Ni dureté ni aspérités ne l'épouvantent).

Cette devise à pour corps le lion symbole de courage que l'on voit dans les armoiries.

Les dents du chef représentent les duretés et les aspérités que le brave dédaigne.

AUTRET DE MISSIRIEN.

D'or à cinq tringles ondées d'azur.

DEVISE : *Dré ar mor* (Au delà des mers).

Les tringles ondées d'azur des armoiries forment le corps de cette devise et sont l'emblème des ondes de la mer. Elle fut choisie vers le milieu du dix-septième siècle par Guy, chevalier de Saint-Michel et auteur de *Recherches sur l'histoire de Bretagne*.

D'AVAUGOUR.

ARMES ANCIENNES : *Un arbre chargé de trois pommes.*

ARMES MODERNES : *D'argent au chef de gueules.*

DEVISE : *Utimur* (Nous usons).

La devise de la puissante maison d'Avaugour a pour corps le pommier de ces anciennes armoiries. Pour la compléter il faudrait dire : *Nous usons de nos biens, sans en abuser.*

Il était difficile de choisir mieux que le pommier pour symboliser les produits de la terre bretonne.

BAHUNO DU LISCOET.

De sable au loup passant d'argent, surmonté d'un croissant de même.

DEVISE : Plutôt rompre que ployer.

LE BAILLIF DE COETJUNVAL.

D'azur à deux estamaux, ou *orceaux d'or couronnés de même.*

DEVISE : *Meruere coronam.* (Ils ont mérité la couronne).

Cette devise fait allusion aux couronnes qui surmontent les estamaux des armoiries. Elle est sûrement antérieure à la fin du seizième siècle, car cette famille a disparu à cette époque, par sa fusion dans Ceëtmenec, et puis du Louët.

BARBIER DE KERJEAN ET DE LESCOET.

D'argert à deux fasces de sable.

DEVISE : *War va buez* (Sur ma vie).

On sait avec quelle facilité cortaines lettres se substituent l'une à l'autre, surtout lorsqu'elles sont de même nature. Le *v* et le *b* sont deux labiales et cette similitude a dû déterminer le choix de la devise des Barbier.

Les deux mots *War va* ne seraient-ils pas équivoques au nom de Barbier.

LE BARTZ.

Languedoc, Bretagne.

D'azur au chevron d'or, accompagné en chef de deux étoiles d'argent, et en pointe d'un croissant d'or.

I. Devise : *Breizad bépréd petra bennag* (Breton toujours, quand même).

II. Devise : *Sperare contra spem* (Espérer contre toute espérance).

Cette dernière devise particulière à la branche languedocienne est peut-être une allusion à la croix ancrée d'argent qui figure dans ses armes.

BASCHER.

D'argent à la croix fleuronnée de sinople, bargée d'une épée d'or posée en pal, et cantonnée aux 1 et 4, de trois quintefeuillles d'azur ; aux 2 et 3 : d'un chêne arraché de sinople.

Devise : Dieu, le Roi.

Le corps de cette devise se trouve aisément dans les armoiries. La croix y rend l'idée de Dieu et l'épée celle du roi. Elle a été choisie par Julien-Joseph Bascher, colonel de la cour prévôtale de Nantes, anobli en 1818.

Cette devise a été portée aussi par Vassoigne (Saintonge), Cathelineau, et l'abbé de Layrolle, évêque de Perpignan en 1817.

LE BASTARD.

Bretagne, Berry, Guyenne, Maine et Devonshire.

Mi-partie d'or à l'aigle impériale de sable et d'azur à la fleur de lys d'or.

I Devise : *Pax potior bello.* (La paix est meilleure que la guerre.

II (D). *Cunctis nota fides.* (Bonne foi connue de tous).

III (D). *Sanguis Regum et Cæsaris.* (Le sang des rois et de César.)

IV (D). Vertu estaing le vice.

V (Cri). Diexaie.

La première de ces devises est celle de la branche anglaise et la plus ancienne.

L'auteur de la généalogie de la maison de Bastard dit qu'elle fut prise par Robert Bastar, seigneur d'Elford et compagnon de Guillaume-le-Conquérant. Il suppose qu'après la bataille d'Hastings, le chevalier rentré dans ses domaines y pousse ce soupir de soulagement après les atrocités d'une guerre longue et cruelle.

La seconde devise : *Cunctis nota fides*, est celle de Guillaume Bastard, lieutenant-général du Berry pour le roi Charles VII, il la reçut en 1429 en récompense de ses loyaux services.

La troisième devise : *Sanguis Regum et Cœsaris*, est celle de Macé Bastard qui vivait avant le XVe siècle.

La quatrième devise : *Vertu estaing le vice* se voit au château de la Cressonnière (Poitou) sur un portail bâti en 1566; mais nous ne savons par quel personnage elle fût choisie et portée.

Quant au cri, c'est celui des ducs de Normandie, et il signifie : (*Dieu aide*).

BAUDUOIN.

De gueules à la croix pattée d'or.

Devise : *Ubi crux, ibi Patria.* (La patrie est ou est la croix).

Ce fut Louis Bauduoin, échevin de Nantes, qui choisit cette devise. La croix de ses armes en est le corps, et il y ajouta les mots : *Ubi crux, ibi Patria*, à cause de la similitude de son nom avec celui des anciens rois de Jérusalem.

DE BEAUCORPS.

Bretagne, Saintonge, Orléanais.

D'azur à deux fasces d'or.

Devise : Fiez-vous-y.

Cette devise a pour corps le champ de l'écu. L'azur, d'après les anciens hérauts d'armes, est l'emblême de la loyauté.

Il y a peut-être un autre sens tiré du nom, *Ne jugez pas les gens sur la mine*, dit un proverbe, un beau corps est souvent aussi fort que beau.

BEAUHARNAIS.

Bretagne et Orléanais.

D'argent à la fasce de sable accompagnée en chef de trois merlettes de même.

I. Devise : *Nemo impune lacesset inermem.* (Que personne n'attaque impunément un soldat désarmé.

II. Devise : Aultre ne sers.

Les merlettes des armoiries sont le corps de la 1re devise. En blason, la merlette oiseau privé de ses pattes et de ses ailes, symbolise l'ennemi vaincu et jeté à terre.

Quant à la 2me devise, cette maison, par suite du mariage de Eugène-Rose de Beauharnais, fils adoptif de Napoléon Ier avec la fille du roi Maximilien de Bavière, reçut de ce roi les titres de duc de Leuchtenberg et de prince d'Etchstaedt, d'Altesse royale ; sa maison fut déclarée la première maison princière de la monarchie bavaroise et prit rang immédiatement après les princes de la maison royale. » (Bessas de la Mégie). N'ayant donc que la famille royale au-dessus d'eux, les Beauharnais ont pu dire : *Aultre ne sers.*

DE BEAUMANOIR.

D'azur à onze billettes d'argent. 4, 3, 4.

Devise : J'aime qui m'aime, et : Beaumanoir bois ton sang.

La première de ces devises s'est écrite primitivement en rébus, comme l'écrivent encore les Kergos.

La seconde beaucoup plus connue et beaucoup plus glorieuse rappelle les paroles adressées à Robert de Beaumanoir par Geoffroi du Bois, son compagnon d'armes, pendant le fameux combat des Trente en 1351. « Croquart, Billefort, Caverley et Knoles, tenaient ferme, « malgré la mort de Dagorn et de deux Allemands. Beaumanoir fut « blessé dans ce moment, la perte de son sang et la fatigue du « combat lui causant une grande altération, il demanda à boire. « Geoffroi du Bois l'ayant entendu, lui répondit : Beaumanoir, bois « ton sang et ta soif se passera. Cette réponse lui fit honte il retourna « au combat. » (Dom Morice), page 282).

DE BEAUMONT DU REPAIRE ET D'AUTICHAMPS.

Bretagne et Dauphiné.

De gueules à la fasce d'argent, chargée de trois fleurs de lys d'azur.

Devise : *Impavidum ferient ruinæ.*

(Les ruines le frapperont sans qu'il tremble).

Cet hémistiche d'Horace (Ode 3, livre 3) est tiré de cette ode magnifique dans laquelle le poète latin fait le portrait de l'homme, juste et énergique. Il a été pris comme devise par les Beaumont, par allusion à leur nom. Une montagne élevée et bien assise sur sa base défie la fureur des éléments et est l'emblême de la force.

Les Beaumont ont une seconde devise qui n'est à proprement parler qu'un dicton : Amitié de Beaumont. Heureuse la famille dont on peut vanter l'amitié sûre et durable : elle ne peut manquer elle-même d'amis.

BECDELIÈVRE.

De sable à deux croix d'argent, au pied fiché et tréflé, accompagnée d'une coquille de même en pointe.

Devise : *Hoc tegmine tutus.* (En sûreté sous cet abri).

Cette devise, toute empreinte de confiance en Dieu, a pour corps, les croix des armoiries. Qui oserait dire que ceux que Dieu protège ne sont pas en sécurité.

BELLABRE.

D'or au palmier de sinople sur une terrasse de même.

DEVISE : *Protegit et Pascit.* (Il protège et nourrit).

Le corps de cette devise fait équivoque au nom de Bellabre, c'es
le palmier (*Bel arbre*) des armoiries. Son ombre défend des ardeurs
du soleil et ses fruits peuvent servir de nourriture. Cette devise
fut prise par Mathurin Bellabre, échevin de Nantes en 1714.

BÉRARD DE KERMARTIN.

D'argent à la croix engreslée de sable.

DEVISE : *Qui statuit legem, elegit.* (Celui qui a porté la loi
a été maître de la choisir.

Cette devise est sans doute celle de Pierre Bérard de la Foucau-
dière, célèbre aventurier qui devint comte de Déciane et frappa
dans cette terre des monnaies d'or et d'argent à ses armes.

BERNARD D'ESTIAUX ET DE LA FRÉGEOLLIÈRE.

Bretagne, Anjou, Maine.

D'argent à deux léopards de sable, l'un sur l'autre.

I. DEVISE : Honneur et tout pour honneur.

II. DEVISE : *Fortitudo nobilitas.* (Le courage fait la noblesse).

LE BERRUYER.

D'azur à trois pots d'argent :

I. DEVISE : *Meliora sequuntur.* (Ils suivront des voies
meilleures).

BESCHARD OU BÉCHARD DES FAVERIES.

D'azur à trois bêches d'argent.

DEVISE : *Memorare novissima tua*[1]. (Souviens-toi de ta dernière fin).

Cette devise a pour corps les bêches des armoiries choisies à cause du nom de Beschard pour arriver à faire des armes parlantes ; ce sont des bêches de fossoyeur, et aucun objet n'est plus propre à nous rappeler la terrible loi imposée par Dieu à l'humanité dégradée par le péché originel.

Peut-être aussi les Beschard, bons hommes de guerre, ont-ils voulu prévenir leurs ennemis de la mort prochaine qu'ils leur réservaient.

BIGOT DE MOROGUES.

Bretagne, Berry, Orléanais.

De sable à trois têtes de léopards d'or.

DEVISE : *Tout de par Dieu.*

Le mot Bigot est tiré des deux mots anglais, *by*, *God*, qui signifient : Par Dieu. Le nom de cette maison a donc amené tout naturellement la devise.

LE BIHAN DE PENNELÉ.

D'or au chevron de gueules issant d'une mer d'azur.

I. DEVISE : *Vexilla florent.* (Mon drapeau est toujours vainqueur).

II. DEVISE : Amour en Dieu, espoir en Dieu.

---

[1] *Et in æternum non peccabis*, ajoute l'Ecclésiaste.

BINET D'ANDIGNY ET DE JASSON.
Aunis, Bretagne, Tourraine.

De gueules au chef d'or, chargé de trois croisettes, au pied fiché d'azur.

Devise : Je le veuil.

Outre cette devise la branche d'Andigny porte : *Ille vicit* (Il vainquit).

Cette dernière devise à pour corps les trois croisettes des armoiries. Ici la croix est prise pour Notre Seigneur lui-même, et quelle victoire plus éclatante a jamais été remportée que celle de Jésus-Christ sur la mort.

BIZIEN DU LÉZARD.

Ecartelé, aux 1 et 4 : d'argent à la fasce de sable accompagnée en chef d'une étoile de gueules et pointe d'un croissant de même.

Devise : *Virtus ut astra micat.* (La vertu brille comme les astres).

Le croissant et l'étoile des armoiries sont les astres auxquels il est fait ici allusion, et forment le corps de la devise.

DE BLOIS.
Bretagne, Champagne, Picardie.

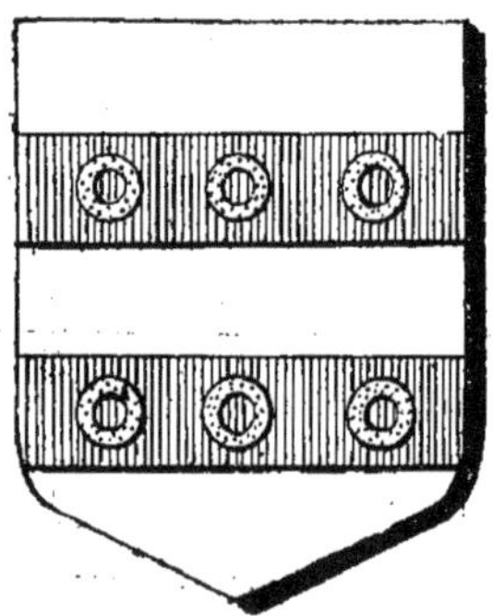

D'argent à deux fasces de gueules, chargées chacune de trois annelets d'or.

Devise : *Agere et pati fortia.* (Faire de grandes choses et supporter de grandes épreuves).

Claude Paradin cite cette devise à propos du courage que montra Mucius Scévola lorsqu'il laissa brûler sa main droite devant Porsenna, roi des Etrusques. Elle est portée aussi par les Duprin de Montbrun (Dauphiné).

BOCHETEL DE PASSI.

Bretagne, Berry.

D'argent à trois glands de sinople.

DEVISE : De cœur et de bouche tel.

Cette devise est équivoque au nom de Bochetel par ses deux derniers mots, bouche tel. Elle n'a pas de corps.

DU BODÉRU ou BOTDÉRU.

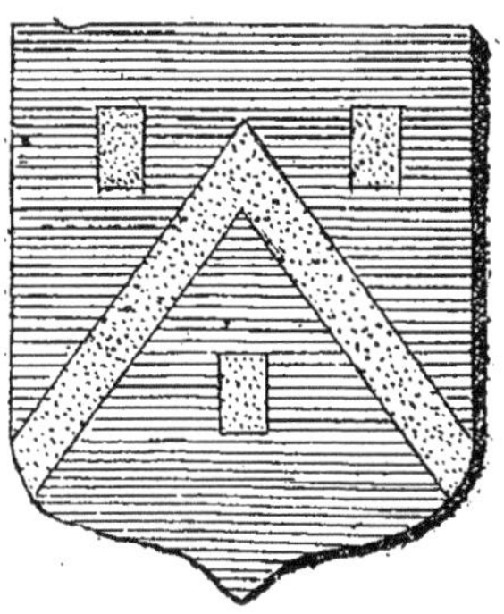

D'azur au chevron d'or, accompagné de trois billettes de même.

DEVISE : *Bepret crent* (Toujours fort).

Cette devise fait allusion au nom de Boderu qui signifie « Bois de Chêne ». Le chêne est l'arbre le plus vigoureux de nos contrées et le bois qu'il fournit est le plus résistant. De plus, il croît en abondance en Bretagne :

« Terre de granit, recouverte de chênes »

a dit Brizeux. Il n'est donc pas étonnant qu'une famille bretonne l'ait choisi pour emblème.

LE BŒUF D'OSMOY.

Bretagne, Normandie.

D'or au bœuf passant de gueules, la queue passée entre les jambes et relevée en pal.

DEVISE : *In capite robur* (Ma force est dans ma tête).

Cette devise a pour corps le bœuf des armoiries, toute la force du bœuf réside dans sa tête. C'est avec elle qu'il porte le joug et qu'il combat ses ennemis. Elle a aussi un autre sens, car elle fait allusion à l'intelligence de ceux qui l'ont choisie.

BOHIER DE SAINT-CYERGUE.

Bretagne et Touraine.

D'or au lion d'azur, au chef de gueules.

I. DEVISE : S'il vient à point m'en souviendra.

II. DEVISE : *Virtuti omnia parent* (Tout obéit au courage).

La première de ces devises semble avoir été choisie pour un tournois. Quant à la seconde, c'est celle d'Antoine Bohier, abbé de Fécamp et d'Issoire, archevêque de Bourges, cardinal, mort en 1519.

DU BOIS DE LA VILLERABEL.

Bretagne, Maine.

D'azur au duc d'or, cantonné de quatre perdrix d'argent, parti d'argent à cinq pins de sinople sur une terrasse de sable.

DEVISE : *Semper virens* (Toujours verdoyant).

Cette devise fait allusion aux cinq pins de sinople. On sait que le pin garde son feuillage et reste verdoyant même par les plus grands froids. Elle est portée aussi par Avril de Burey, en Normandie, Le Vassor de Bonneterre, Remy de Gennes, de Buisson.

DU BOIS DE BEAUCHESNE.

Tiercé en fasces, au 1 : d'azur à trois étoiles d'argent ; au 2 : d'or ; au 3 : de gueules, à l'arbre d'or.

DEVISE : *Robur et lumen* (Force et lumière).

Cette ambitieuse devise a pour corps les étoiles, emblèmes de la lumière, et l'arbre, emblème de la force.

DU BOISBOISSEL.

D'hermines d'or au chef de gueules chargé de 3 mâcles d'or.

DEVISE : *Soli hæc gestant insignia fortes* (Les braves seuls portent ces insignes).

Le corps de cette devise n'est autre que l'écu tout entier. Les hommes forts et courageux ont pu seuls conquérir et garder des armoiries.

DU BOIS JAGU.

D'argent à trois pins de sinople.

Devise : Toujours vert Bois Jagu.

Les trois pins de sinople des armoiries forment le corps de cette devise que l'on peut rapprocher de quantités d'autres du même genre. On la retrouve presque toujours dans les familles qui portent des arbres verts dans leurs armes, et dans celles dont un nouveau rameau s'est détaché.

DE BOIS EON.

D'azur au chevron d'argent accompagné de trois têtes de léopard d'or.

Devise : *Talbia.*

Nous n'avons pu découvrir le sens de ce mot évidemment breton et nous n'en avons trouvé la traduction dans aucun auteur.

DU BOISGESLIN.

Ecartelé aux 1 et 4 : de gueules à la molette d'argent ; aux 2 et 3 : d'azur plein.

Devise : *In virtute vis* (La force est dans le courage).

DU BOISGUÉHENNEUC.

D'argent à l'aigle impériale de sable becquée et membrée de gueules.

DEVISE : *Carantez ha gwirionez* (Amour et fidélité).

Cette devise semble avoir été choisie pour un tournoi et dénoncer une passion discrète.

DU BOIS-HALBRAN.

De sable à deux épées d'argent en sautoir, la pointe en bas, les gardes d'or.

DEVISE : *In armis* (Sous les armes).

Cette devise a pour corps les épées des armoiries. Elle peut se rapprocher de celle des Dondel : *Prœcinctus semper*. Comme cette dernière, elle rappelle à l'homme de guerre qu'il ne doit jamais se séparer de ses armes.

LE BORGNE DE KERVEN.

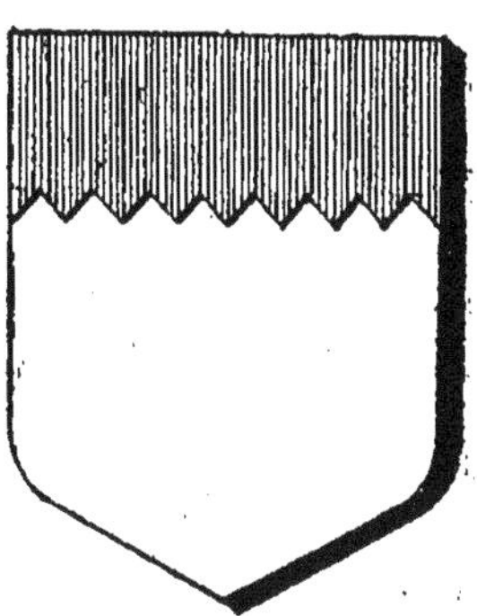

D'argent au chef endenché de gueules.

DEVISE : *Utroque lumine valet* (Il vaut par les deux yeux).

Cette devise fait allusion par contradiction au nom de Le Borgne.

LE BORGNE DE LA TOUR.

D'azur à trois huchets d'or liés et virolés de même.

I. Devise : Attendant mieux.

II. Devise : Tout ou rien.

DU BOTGLAZEC.

D'argent à trois branches d'épine de sinople.

Devise : *Pungit spina tenacem* (L'épine pique celui qui résiste).

Les branches d'épine des armoiries forment le corps de cette devise. Ce sont des armes parlantes, car Botglazec peut se traduire par *fagot vert.*

DU BOTGLAZEC DE KERMADIO.

D'argent à un arbre de sinople, sommé d'une merlette de sable.

Devise : Quitte ou double.

Portée aussi par *Kerangouez Coëtmen .*

DE BOTIGNEAU.

D'azur à l'aigle éployée d'or.

Devise : A l'aventure.

Cette devise a pour corps l'aigle éployée d'or des armoiries qui est censée voler à l'aventure.

Un des premiers disciples de Guttemberg a dit aussi « A l'aventure ». (Voir précis historique).

DU BOTMEUR.

Ecartelé aux 1 et 4 : d'or au lion de gueules armé d'azur ; aux 2 et 3 : d'argent au lion de gueules.

Devise : *Libera nos de ore leonum* (Délivre-nous de la gueule des lions. (Tiré de l'office des Morts).

Cette devise, tirée des psaumes, a pour corps les lions des armoiries.

BOUDIN DE TROMELIN.

De sable à l'épée d'argent en pal la pointe en haut, surmontée de deux étoiles d'or.

Devise : *Ad sidera tentat* (Il s'efforce de monter jusqu'aux astres).

Le corps de cette devise est dans les armoiries : l'épée posée en pal est en effet dirigée vers les étoiles du chef. L'âme a été ajoutée par Jacques Boudin de Tromelin, secrétaire du roi en 1703.

BOUET-WILLAUMEZ.

De gueules au vaisseau d'argent équipé d'or, entouré d'un cercle de réflexion divisé de même, au chef d'or chargé d'une épée de sable et d'une ancre d'argent posées en sautoir.

Devise : *Consilio manuque.* (Par la sagesse et le courage).

Les chirurgiens de Paris accompagnaient cette devise de 3 coupes d'or et d'un scalpel.

Cette devise a pour corps le cercle de réflexion, emblème de la science, et l'épée, emblème du courage, des armoiries. Elle fut choisie par le contre-amiral Willaumez, lorsqu'il fut créé pair de France en 1844. C'est en effet à sa sagesse et à sa valeur qu'il dut cette haute distinction.

DE LA BOUEXIÈRE.

De sable au sautoir d'or.

Devise : *Vexillum regis* (Etendard du roi).

Emprunt évident au commencement de l'hymne du Jeudi saint, où l'église célèbre le triomphe de la croix sur le monde.

DE LA BOESSIÈRE THIENNES.

De sable au sautoir d'or.

Devise : Qu'une voix tienne quoi qu'advienne.

Cette devise est équivoque au nom de *Thiennes*. Un serment suffît à la vie d'un homme, a dit un orateur célèbre.

DE LA BOUEXIÈRE

DE LA FONTAINE PLATE.

De gueules à sept merlettes d'or 3, 1, 3.

Devise : Tout en paix.

DE LA BOUEXIÈRE.

D'argent au buis arraché de sinople, accosté à senestre d'un poisson de gueules en pal.

Devise : *Nec pertimescit hiems* (Il ne craint pas même l'hiver).

Le corps de cette devise est le buis que l'on voit dans les armoiries. Cette plante reste verte même pendant l'hiver.

BOUGRENET DE LA TOCNAYE.

D'or au lion de gueules chargé de mâcles d'or.

DEVISE : De toute bougrerie net.

Cette gauloise devise est équivoque au nom de Bougrenet ; elle fut tournée, dit une tradition, par le roi Henri IV après un trait de loyauté d'un Bougrenet de la Tocnaye.

DU BOURGBLANC.

De gueules au château d'or.

DEVISE : *Custodi nos, Domine.* (Tiré des Psaumes et faisant allusion au château-fort des armoiries. Seigneur gardez-nous. Et aussi : *Dinam.* Sans tache).

La seconde devise fait allusion au nom de du Bourgblanc : ce qui est blanc est sans tache.

DU BOURG.

Maine, Bretagne.

D'azur à deux molettes d'or en chef et une merlette de même en pointe.

DEVISE : Dieu suffit.

LE BOURG DE TAVANNES.

Normandie, Bretagne.

D'argent au chevron de gueules, cantonné de trois fleurs de lys d'azur.

DEVISE : *In labore fortitudo* (Ma force est dans le travail).

Cette devise fut prise par Jean-Aimé Le Bourg du Pilier, ingénieur-géographe du Roi, collaborateur de Cassini dans la confection de la carte de France de 1770 à 1774.

BOURGOGNE DE VIELLECOUR.

Coupé d'or et d'argent au fermail d'azur accompagné de quatre roses de même 2. 2.

DEVISE : Tout par amour et rien par force.

Cette devise, dont le fermail et les roses contenus dans les armoiries forment le corps, a été choisie par N. Bourgogne, maire de Nantes en 1637. Les roses sont l'emblème de l'amour, et le fermail est tantôt une boucle de ceinturon, tantôt un verrou ; il est pris ici dans cette dernière acception et symbolise la force.

BOURKE.

Bretagne et Flandre.

D'or à la croix de gueules, cantonnée à dextre d'un lion de sable et à senestre d'une main apaumée de même ; coupé au 1 : d'or plein ; au 2 : d'hermines à la croix de gueules, cantonnée de quatre croissants d'or.

I. DEVISE : *A cruce salus* (De la croix le salut).

II. DEVISE : *Semper et ubique fidelis* (Toujours et partout fidèle).

Le corps de la première devise se trouve dans les armoiries, c'est la croix qui y est représentée deux fois.

Elle est commune aux La Croix de Trovignan et Beauvais-Vouty.

La seconde est commune aux de Touchebeuf, Beaumont ; Lelarge de Lourdoueix ; d'Ujois d'Aunay ; Walsth de Serrant, et à quelques villes du Brabant.

LE BOUTEILLER DE MAUPERTUIS.

D'argent à la bande fuselée de sable.

DEVISE : *Sine maculis* (Sans taches).

Devise commune aux de la Porte et Papin. Les seigneurs de la Houssinière, branche cadette, paroisse de Saint-Donatien écartèlent aux 1 et 4 : *d'azur à trois mondes croisettés d'or*, avec cette devise : *Croix sur trois mondes.*

Le corps s'en trouve facilement dans les armoiries ; on peut présumer qu'à l'époque où elle a été prise, l'Amérique n'avait pas encore été découverte, l'Océanie était fort peu connue, et lorsque les seigneurs dont nous parlons formulaient le désir de voir la croix adorée sur trois mondes, dans leur esprit il s'agissait de la terre entière.

DE BOUVANS.

Bretagne et Savole.

De gueules à la croix dentelée d'argent :

Devise : Plus n'est possible.

Le corps de cette devise est la croix des armoiries. Elle est, comme en plusieurs autres endroits, mise ici pour Notre-Seigneur lui-même ; et certes qui pourrait faire ce qu'il a fait, sans dire plus ?

DE BRÉHAN OU BRÉHAND.

De gueules au léopard d'argent.

Devise : Foi de Bréhand vaut mieux qu'argent. (*Fides Brientensium*).

Peut-être cette devise est-elle la réponse d'un Bréhand à des juifs lui demandant un gage.

Dans tous les cas, les seigneurs de cette maison se sont toujours montrés dignes de leur devise. L'un d'eux est l'ami de Du Guesclin, un autre est le compagnon inséparable de Bayard, le chevalier sans peur et sans reproche. Ces deux illustres capitaines poussèrent jusqu'à ses dernières limites le respect de la foi jurée, et l'entourèrent de gens dont ils avaient éprouvé la loyauté.

DE BRÉHIER.

Anjou. — Bretagne.

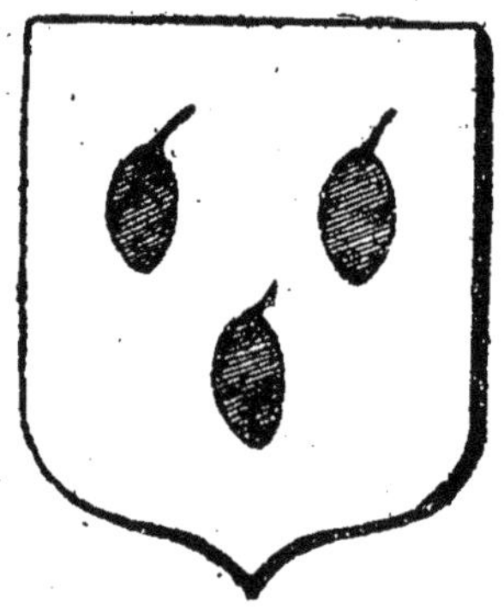

D'argent à trois olives de sinople, tigées de même.

DEVISE : *Ferrum servat* (Elle conserve le fer).

Cette devise a pour corps les olives des armoiries ; c'est une allusion à l'huile dont on se sert pour garantir les armes de la rouille.

Du BREIL DE PONTBRIAND DE LA CAUNELAYE et DE LANDAL.

D'azur au lion morné d'argent.

DEVISE : *Parcere subjectis et debellare superbos* (Pardonner aux vaincus, combattre les superbes).

On retrouve cette devise très anciennement dans les titres des du Breil. Elle a pour corps le lion des armoiries. On a cité maints traits de la générosité de cet animal et de la noblesse de son caractère.

BRETAGNE.

D'hermines plein.

CRI : *Malo au riche duc.*

DEVISE : *A ma vie.*

Nous groupons autour du mot Bretagne, avec la devise qui accompagne les armes du duché et le cri que poussèrent ses soldats

sur les champs de batailles, les devises particulières des princes et
des princesses qui le gouvernèrent si longtemps. Presque toutes
furent inscrites sur le collier d'un ordre de chevalerie et furent
composées dans le dessein de fixer aux nouveaux chevaliers une
ligne de conduite ou de leur inspirer le sentiment d'une vertu.
L'hermine en est souvent le corps. La sigillographie officielle de la
Bretagne ne nous offre pas de devises. Les ducs se font représenter
sur des trônes à cheval, les duchesses pour la plupart debout ; un
faucon au poing. Les uns et les autres indiquent seulement leurs
noms et titres dans la légende qui entoure leur image ; mais les
autres documents ne manquent pas, et il a été facile de retrouver
au moins les devises principales.

Le cri : *Malo au riche duc, ou au noble duc,* est très ancien ; il
fut poussé dès Alain Fergent sur les champs de bataille de la Palestine ; c'est une invocation à saint Malo, une prière que lui font
les Bretons, de les favoriser, eux et leurs chefs. L'expression *riche*
ne doit pas être entendu dans le sens restreint que nous lui donnons
aujourd'hui. Ici comme dans plusieurs autres cris où il est employé
ce mot signifie plutôt *puissant*.

A ma vie est la devise que Jean V fit graver sur le collier de
l'ordre de l'*Hermine*, mais nous sommes fondés à croire que, depuis
longtemps déjà, ces mots accompagnaient les armoiries de Bretagne.
Ils font allusion à la blancheur de l'hermine. C'est une promesse
de loyauté à laquelle n'a jamais manqué la nation bretonne ; le
but d'une vie sans taches proposé à tous les chevaliers[1].

Jean IV est le plus ancien de nos ducs à qui l'on ait prêté une
devise, encore n'est-on pas bien sûr que ce ne soit pas celle de l'un
de ses poursuivants d'armes. Elle est sculptée sur un bas-relief de
la cathédrale de Nantes et exprime un défi du duc à ses ennemis,
Quels et combien qu'ils soient.

Jean V prit comme devise personnelle la devise de ses Etats : *A
ma vie,* et cette autre : *Potius mori quam fœdari,* qui n'en est que
la paraphrase. Cette dernière est plus connue et elle a aussi pour
corps soit les hermines de Bretagne, soit une hermine seule, et doit
sa vulgarisation à son sens d'une interprétation plus facile.
Frappées de la noblesse du sentiment qu'elle exprime, plusieurs
familles bretonnes et françaises l'ont adoptée, entre autres : Henry
de Bohal, de Kéranflec'n, de Carheil, le duc de Rohan-Chabot, le
comte de Baschi du Cayla, pair de France.

---

[1] *Ne quid nimis,* Rien de trop, exprime la simplicité dans laquelle voulaient
vivre nos ancêtres.

La duchesse Anne s'appropria les deux devises de Jean V : *A ma vie*, et : *Potius mori quam fœdari*. Son union avec Charles VIII la fit reine de France ; ce fut un mariage de convenances politiques bien loin de satisfaire les inclinations de la princesse, aussi fonda-t-elle, après la mort de ce monarque, l'ordre de la *Cordelière* et s'écria-t-elle avec soulagement : *J'ai le corps délié.* Le collier de cet ordre était une Cordelière[1] et servait en même temps d'emblème à cette sentence. Anne de Bretagne jouait sur le mot *délié*, qui signifie, tantôt fin, menu,   tantôt rendu à la liberté. Elle exprimait ainsi le soulagement qu'elle éprouvait d'être débarrassée de ses devoirs d'épouse, envers un mari qu'elle aimait peu.

DE BRÉZAL DE ROSNIVINEN.

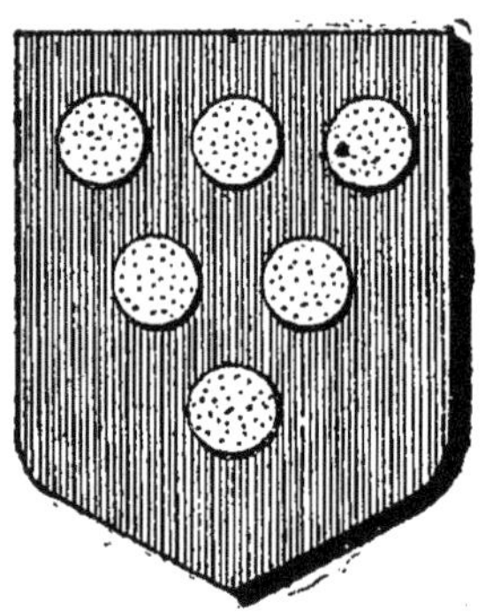

De gueules à six besants d'or, 3, 2, 1.

Devise : *Spes mea Deus* (Dieu mon espérance).

Nous ne voyons pas de relations entre cette devise et les armoiries de la maison de Brézal ; elle peut convenir à plusieurs emblèmes. Henri III l'accompagnait d'une tête de mort. On l'a vue écrite au-dessous d'une croix et elle se lit, dit M. Chassant, sur une maison de belle apparence, sise à Gray (Haute-Saône).

BRIAND, BRIENT ou BRIANT DE LESCOET.

D'argent au sautoir d'azur, accompagné de quatre roses de gueules.

Devise : *Sans détour.*

---

[1] C'était le cordon de saint François, dévotion particulière de la reine.

BRIOT DE LA MALLERIE ET DE LA GAUTRAIS.

De gueules au chevron d'argent, accompagné en chef de deux croix pattées d'or et en pointe d'une tête de léopard de même.

DEVISE : *Dei et regis, antiquus amor* (Antique amour pour Dieu et pour le roi).

Cette devise fut donnée à Jean-Guillaume Briot, lors de son anoblissement en 1823.

BROSSART DE CLÉRY.

Bretagne, Normandie, Ile-de-France, Anjou, Touraine, etc.

D'azur au chevron d'argent, accompagné de trois fleurs de lys d'or.

DEVISE : *Audenti succedit opus* (L'audace donne le succès).

Cette devise est celle de Richard et d'Edmond Brossart, gentilshommes verriers à Arques en Normandie, vers le commencement du XVI⁰ siècle. Portée aussi par Pépin de Sailly.

BROSSAUD DE JUIGNÉ.

D'azur au lion d'argent, à la fasce d'hermines, brochant sur le tout.

DEVISE : *Toga et ense* (Par la robe et par l'épée).

Cette devise fait allusion aux nombreux magistrats et capitaines qu'a produits la famille Brossaud. (B. de Fla).

DE BROSSE

Bretagne, Berry.

D'azur à trois brosses ou gerbes d'or liées de gueules.

DEVISE : *Quo fata sequar ?* (Où suivrai-je les destins).

La devise de cette maison se voit gravée au-dessous de ses armes, sur la tombe de Claude de Brosse, dans l'église de Beaujeu.

DE BRUC

D'argent à la rose de gueules, boutonnée d'or, une sainte vierge en cimier.

I. Devise : *Flos florum, eques equitum* (Fleur des fleurs, chevalier des chevaliers).

II. Devise : *Flos florum, Virgo Maria, in te confido* (Fleur des fleurs, Vierge Marie, je mets ma confiance en vous).

La rose des armoiries forme le corps de cette devise. Elle est célèbre. On l'a quelquefois trouvée trop orgueilleuse et l'on a ri de voir des hommes se comparer à une fleur. Nous ne croyons pas que ce reproche soit fondé.

Si la seconde partie : *Eques equitum,* s'adresse aux hommes, vante leurs vertus guerrières, la première s'adresse aux femmes de la maison de Bruc et veut peindre leur beauté. On peut l'entendre autrement et dire : de même que la rose est la reine des fleurs, les gentilshommes de cette maison sont les chevaliers des chevaliers. C'est, croyons-nous, le sens primitif, mais lorsque, par suite d'une grâce éclatante reçue de la sainte Vierge, un de Bruc eut obtenu de placer son image en cimier, et changer *eques equitum* en *Virgo Maria, in te confido,* le sens devint clair et l'interprétation facile. C'est un hommage rendu à Marie, Vierge des vierges, fleur des fleurs, rose mystique, et un cri de confiance vers une patronne puissante et vénérée.

BUDES DE GUÉBRIANT.

D'argent au pin arraché de sinople, accompagné de deux fleurs de lys de gueules.

Devise : *Superis victoria faustis* (La victoire est donnée par les dieux favorables).

BUDAN DE RUSSÉ.

Touraine, Bretagne.

D'azur au chevron accompagné en chef d'une buie ou cruche et d'une dent, et en pointe d'un dauphin, le tout d'or.

Devise : *Et semper fidelis* (Quoiqu'il advienne, toujours fidèle).

BUZIC DE LESPERVEZ.

Ecartelé aux 1 et 4 : d'or au léopard de gueules, aux 2 et 3 : de gueules à six annelets d'argent 3, 2, 1.

DEVISE : *Camzit mad* (Parlez bien).

CRI : *Maugré tout.*

Maugré tout ou Malgré tout sont identiquement la même chose.

DE CADOUDAL.

D'azur au dextrochère d'or, tenant une épée d'argent montée d'or et chargé d'un bouclier d'hermines, surchargé d'une fleur de lys de gueules.

DEVISE : Fidèle à Dieu et au roi.

Cette devise fut donnée à presque tous les chefs vendéens. Leur fidélité était de bon aloi et ne peut être révoquée en doute puisque la plupart sont morts pour leur cause.

DE CAHIDEUC DU BOIS DE LA MOTTE.

De gueules à trois têtes de léopard d'or, lampassées de gueules.

DEVISE : *Antiquâ fortis virtute* (Fort d'un antique courage).

Cette devise est celle de l'amiral de Cahideuc qui vivait dans la seconde moitié du XVIIIe siècle. Elle a été aussi portée par Hémery de Beaulieu.

CALLOET DE LANIDY.

D'or à la fasce d'azur, surmontée d'une merlette de même.

DEVISE : Advise-toi.

DU CAMBOUT DE COISLIN.

De gueules à trois fasces échiquetées d'argent et d'azur.

Devise : Jamais en vain.

Cette illustre maison trouve le corps de sa devise dans les fasces échiquetées de ses armoiries.

L'échiquier symbolise les bataillons rangés en ordre régulier, et Coislin prétend n'avoir jamais en vain tiré son épée hors du fourreau.

DE CAMERU.

Ecartelé aux 1 et 4 : d'azur à la coquille d'argent ; aux 2 et 3 : d'argent au croissant de gueules accompagné de quatre billettes en croix de même.

Devise : *En quichen rei, e ma quéméret* (Après donner, il faut prendre).

DE CARADEUC DE LA CHALOTAIS.

D'argent à la fasce de gueules chargée d'une molette d'or et accompagnée de trois croissants de gueules.

Devise : Arreste ton cœur.

Cette devise est équivoque au nom de Caradeuc. Le mot breton dont il est formé peut se traduire par : Celui qui chérit, qui aime. Les seigneurs de Caradeuc ont voulu avertir leurs descendants de ne pas céder au premier mouvement d'un cœur trop enclin à prendre part aux malheurs d'autrui.

Le fameux auteur des constitutions des Jésuites, semble avoir profité des enseignements de ses ancêtres, au moins dans ses rapports avec les Pères de la Compagnie de Jésus. Il est à leur égard d'une injustice et d'une mauvaise foi flagrante.

LE CARDINAL DE KERNIER

Écartelé : aux 1 et 4, coupé d'argent et de gueules au lion de l'un en l'autre, qui est Le Cardinal *; aux 2 et 3 d'argent au chef endenché de gueules qui est* Le Borgne.

Devise : L'âme et l'honneur.

Elle est commune avec de Plœuc de Timeur et Collet la Chasserie.

DE CARHEIL.

D'argent à deux corneilles essorées, affrontées de sable. membrées d'or et d'une molette de sable en pointe.

Devise : *Potius mori quam fœdari* (Plutôt mourir que de se souiller).

Cette devise a ordinairement pour corps une hermine, elle est commune à plusieurs personnages de la maison ducale de Bretagne, Rohan Chabot, Henry de Bohal, de Keranflec'h, comte de Baschi du Cayla, pair de France.

DE CARGOUET.

D'argent à trois fleurs de lys de gueules.

Devise : *Sicut lilia germinabunt* (Ils germeront comme les lys).

Cette devise a pour corps les trois fleurs de lys des armoiries. A rapprocher de la devise de Coetanlem : *Germinavit sicut lilium et florebit in æternum ante Dominum.*

CARION DE LA GUIBOURGIÈRE.

De gueules à la main droite d'argent soutenue de six ondes de sinople en pointe.

Devise : *Nihil virtute pulchrius* (Rien n'est plus beau que la vertu).

CARIOU DE KERYMON.

D'azur à trois molettes d'or.

Devise : *Urgent stimuli* (Les aiguillons pressent).

Cette devise a pour corps les trois molettes d'éperon des armoirie . Cela pourrait aussi se traduire : *Noblesse oblige.*

DE CARMAY.

Ecartelé aux 1 et 4 : d'azur, à la tour d'argent maçonnée de sable, sommée de trois tourillons perlés en une demi-zone, la tour de même ; au 2 et 3 : d'or au lion d'azur, sur le tout d'or au bœuf de sable, accouché de gueules, qui est de Beugier.

Devise : *Doue araok* (Dieu avant tout).

Portée aussi par Kermavan.

DE CARNÉ.

D'or à deux fasces de gueules.

Devise : Plutôt rompre que plier.

CARRÉ DE LUSANÇAY.

Ecartelé aux 1 et 4 : d'azur au chevron d'argent chargé de trois étoiles de gueules ; aux 2 et 3 : d'azur à trois bandes d'argent surmontées de trois bandes d'or.

I. Devise : *Nullibi solidius* (Nulle part plus solidement.)

II. Devise : *Unquam devius* (Jamais devier).

Cette dernière devise a été appliquée au soleil immuable en sa route par le P. Menestier (*Philosophie des Images*).

CASSARD.

D'argent au lion de sable, surmontée de deux papillons de même.

Devise : Sans venin.

Ce sont ici les papillons des armoiries, insectes inoffensifs, qui forment le corps de cette devise, mais une autre famille Cassard, en Dauphiné, porte dans ses armes une licorne et l'accompagne des mots : *Sans venin.* A l'article nous avons donné la raison.

CATHÉLINEAU.

Bretagne et Anjou.

D'azur à la lampe fleurdelysée d'or à la banderolle d'argent chargée d'une croix alésée de gueules, fichée dans un cœur de même.

Devise : Dieu et le Roi.

Cette devise est celle de Cathelineau, généralissime de l'armée vendéenne. Elle fut ajoutée à ses armoiries a la date de l'anoblissement de la famille sous la Restauration. Elle est du reste commune à Martin de Baudinière : Vassoigne : l'abbé de Layrolle, nommé évêque de Perpignan en 1817 : de Poigu de Chéry ; de l'Epine ; De Guffon ; Lemaistre de Tonnerre ; Florit de la Tour de Clamouze ; Du Tertre ; de Veyrac.

DE CAZENOVE DE PRADINES.

Guyenne, Gascogne et Bretagne.

D'azur à la tour d'argent maçonnée de sable, accostée de deux lions d'or.

Devise : *Stetit in exilio pro patria fides* (C'est par amour de la patrie qu'il est resté fidèle au roi dans l'exil).

Cette devise est celle de Pierre-Michel-Edouard de Cazenove de Pradines. Sa fidélité au comte de Chambord, banni de France, lui fit partager l'exil de Froshdorf.

CHABOT.

Bretagne et Poitou.

D'or à trois chabots de gueules en pal.

I. Devise : *Concussus surgo* (Quand on me frappe, je bondis).

II. Devise : Prou pires, peu pairs, point plus.

On chercherait vainement le corps de la première devise de la maison de Chabot dans ses armoiries, c'est une balle de paume. Ce fut Philippe Chabot, amiral de France en 1543 qui la choisit. On peut faire un rapprochement entre sa vie et sa devise. D'abord comblé d'honneurs par François Ier, il tomba ensuite en disgrâce et fut éloigné de la cour, mais bientôt il reprit son empire sur l'esprit du roi et devint plus puissant qu'auparavant. De même, une balle de paume rebondit sur la raquette qui l'a frappée.

Cette devise a été aussi portée par Charles Orsain, avec cette variante : *Percussus surgo.*

La seconde devise : *Prou pires, peu pairs, point plus*, est patoise et signifie que si les Chabot ont beaucoup d'inférieurs et quelques égaux, leur noblesse est telle qu'aucune ne lui est supérieure.

DE LA CHAMBRE.

Bretagne, Normandie et Savoie.

De sable à une fasce d'or frettée de gueules, aliàs : *accompagnée de trois roses d'or.*

Devise : *Altissimus nos fundavit*[1] (Le Très-Haut nous a fondés).

Le P. Anselme donne aussi cette devise aux de la Chambre, de Savoie. Elle n'a pas de corps, et Guillaume, sieur du Mesnil-Gilbert, mentionné dans la charte des francs-fiefs sous le règne de Louis XI, paraît l'avoir portée.

DE CHAMPEAUX.

Bretagne, Franche-Comté, Champagne et Bourgogne

D'hermines au lion de gueules armé et couronné de sable.

Devise : *Diex le volt* (Dieu le veut).

Cette devise qui n'est à proprement parler qu'un cri est commune aux Dieuleveult, de Castillon et du Sart de Molambais.

---

[1] Le roi David, au psaume 86, jette ce cri en défi aux ennemis de Sion : *Ipse fundavit eam Altissimus.*

CHAMPION DE CICÉ.

Bretagne et Normandie.

D'azur à trois écussons d'argent, chargés chacun de trois bandes de gueules.

Devise : Au plus vaillant le prix.

Cette devise a pour corps les trois écussons chargés chacun de trois bandes de gueules des armoiries. Ils furent en effet le prix de la valeur de Jean Champion, originaire de Condé-sur-Vire et anobli en 1440. Les bandes de gueules qui les chargent ajoutent encore à la signification de l'emblème.

CHANU DE LIMUR.

D'azur à l'étoile d'or.

Devise : Pour fidèlement tenir.

CHARBONNEAU DE L'ECHASSERIE.

Bretagne et Poitou.

D'azur à trois écussons d'argent 2, 1 accompagnés de dix fleurs de lys d'or, 4, 3, 2, 1.

Devise : *Pro fide scuta, a rege lilia.* (Les écus pour la foi, les lys venant du roi.

Cette devise fait allusion aux écus et aux fleurs de lys des armoiries. Elle a été donnée à un membre de cette famille, page du Roi en 1719, et le *Pro fide scuta* est bien trouvé pour cette maison qui fournit quatre chevaliers de Malte de 1627 à 1657.

CHARPENTIER DU MORIEZ DE LESSAC.

De sable à deux épées d'argent en sautoir, la pointe en bas.

I. Devise : *Kre ha feal* (Fort et fidèle).

II. Devise : *Sine rubigine* (Sans rougeur).

DE CHARRIER.

Bretagne, Auvergne et Lyonnais.

D'azur à une roue d'or, surmontée d'un lambel, de trois pendants de même.

Devise : *Semper in orbita* (Toujours dans l'ornière ou dans la route battue par les ancêtres.)

Le corps de cette devise est contenu dans les armoiries ; ce sont les épées. Elles ont été quelquefois rouges de sang, mais on n'a jamais eu à rougir de les tirer.

La roue des armoiries forme le corps de cette devise. Elle y fut introduite, à cause du nom de Charrier.

CHARUEL.

De gueules à la fasce d'argent.

Devise : *Calonec a drec'h bep tra* (L'homme de cœur surmonte tout).

Malgré la difficulté de se faire remarquer au milieu de braves tels que ceux qui prirent part au combat des Trente, et malgré sa petite taille, Charuel se distingua en cette occasion. Il y reçut de nombreuses blessures, « car il avait le viaire (visage) si destaillé et descoupé qu'il montrait bien que la besogne fut bien combattue. » (Froissart.) De là la devise de sa maison.

DE CHASTEIGNER DE LA CHASTEIGNERAIE.

D'or au léopard d'argent.

Devise : *Atavis et armis* (Par les aïeux et par les armes).

L'intimité de Jean Chasteigner et du fameux savant Scaliger nous fait penser que la devise ci-dessus date du milieu du XVIe siècle et que Scaliger la composa avec l'épitaphe de son ami. Connue dès l'an 1050 et citée par l'historien du Chêne parmi les premières familles de France, la famille de Chasteigner pouvait se glorifier de ses aïeux. La bravoure d'un grand nombre de chevaliers d'ordres militaires, et de vaillants capitaines portant le nom de Chasteigner justifient l'*et armis*.

DU CHASTEL.

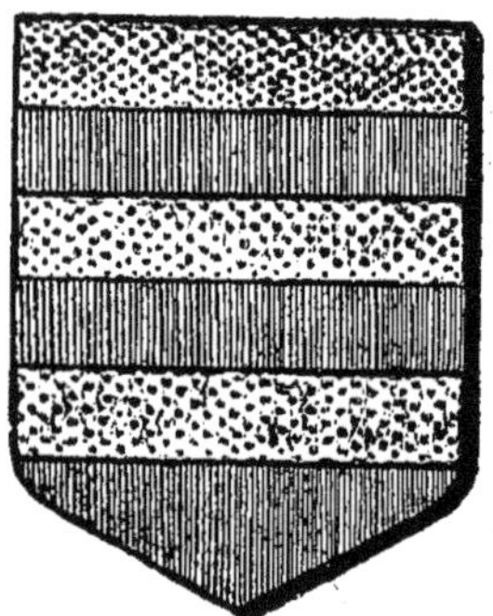

Fascé d'or et de gueules de six pièces.

I. Devise : *Da vadé teni* (Tu viendras à bien).

II. Devise : Vaillance du Chastel.

III. Devise : *Ma car Doué* (S'il plaît à Dieu.)

DU CHASTELLIER.

De gueules au dextrochère mouvant du côté gauche tenant une fleur de lys d'argent accompagnée de quatre besants de même un en chef, deux en flancs et un en pointe.

Devise : *Non inferiora secutus* (N'a pas fourni une carrière moins glorieuse).

Cette devise hémistiche du 6e livre de l'Enéide a pour corps le *dextrochère des armoiries.* Dans Virgile : *Non inferiora secutus,* signifient que Mycène, après la mort d'Hector, s'est attaché à la fortune d'Enée et que les vertus de son dernier compagnon ne sont pas moindres que celles du premier. Celui qui l'a porté, le premier est vraisemblablement Olivier du Chastellier président à mortier en 1594. Mais avant lui Marguerite d'Orléans reine de Navarre, aïeule de Henri IV l'avait écrite au dessous d'un souci, emblème du soleil, et qui, dit-on se tourne vers lui et l'accompagne dans sa course (Claude Paradin p. 46). C'était aussi la devise de Lancelot du Lac, auteur dramatique et capitaine, qui la portait surmontée d'un homme foulant un monde aux pieds, tenant d'une main une palme, de l'autre une épée nue, entourée d'un rouleau de papier, sur lequel elle était répétée. Le comte de Sainte-Aldegonde, pair de France, et la famille d'Orchamp, à Besançon, la portent aussi.

LE CHAT DE KERSAINT.

De sable au chat effarouché d'argent.
Devise : Mauvais chat, mauvais rat.

Cette devise a pour corps le chat des armoiries. Elle est aussi équivoque au nom de Le Chat.

DE CHATEAUBRIAND.

Pour armes antiques : *De gueules semé de pommes de pin d'or,* et par concession de saint Louis : *De gueules semé de fleurs de lys d'or.*

Devise : Mon sang teint les bannières de France.
Cri : Châteaubriand

La première devise de Châteaubriand : *Je sème l'or*, faisait allusion aux anciennes armes de cette famille, qui étaient *de gueules semé de pommes de pin d'or*. Le roi saint Louis, pour récompenser la valeur incroyable que Geoffroy de Châteaubriand déploya au combat de la Massourah, changea les pommes de pin en fleurs de lys d'or, et lui donna la devise : *Mon sang teint les bannières de France.* (Bessas de la Mègie.)

La couleur rouge (de gueules) indique le sang et les étendards français étaient semés de fleurs de lys.

DE CHATEAUFUR.

D'azur au château d'argent.

Devise : *War an tré ha war al lano, Castelfur eo vu hano.* Au jusant comme au flux, Châteaufur est mon nom.

Allusion au fief de Châteaufur, situé sur le bord de la mer symbolisée par l'azur des armoiries.

DE CHATEAUGIRON.

De vair à une bande de gueules.

Devise : Pensez-y ce que vous voudrez.

Cette devise n'a pas de corps et nous sommes réduit à des conjectures sur la circonstance qui l'a fait choisir. Cependant nous pensons que c'est une devise de tournoi conservée par la famille, sans doute à cause d'une prouesse remarquable de celui de ses membres qui la portait.

CHATON DES MORANDAIS ET DE RANLÉON.

D'argent au pin arraché de sinople, chargé de trois pommes d'or.

I. Devise : A peine un chat y peut atteindre.
II. Devise : Dieu et mon courage.

La première devise, équivoque au nom de Chaton, fait allusion aux trois pommes d'or placées à la cime du pin des armoiries. On en trouve facilement le sens caché, en se souvenant que l'un des douze travaux d'Hercule fut d'aller chercher les pommes d'or du jardin des Hespérides.

CHAUFF DE KERGUÉHENNEC (LE).

D'argent au pigeon d'azur surmonté de deux croissants adossés de gueules.

Devise : *Pretium nec vile laborum* (Récompense des labeurs).

Claude Paradin place cette devise au dessous de la toison d'or. (Page 49).

DE CHAUMONT.

Paris, Bretagne.

D'argent au mont de sable fumant de gueules.

Devise : Chaumont.

Cette devise est équivoque au nom de Chaumont et a pour corps le volcan naturel qui figure dans les armoiries.

CHESNEL DE LA CHAPRONNAYE, DE LA HOUSSAYE, DES NOUETTES, DE VOISCLÉRY.

Bretagne, Poitou, Normandie.

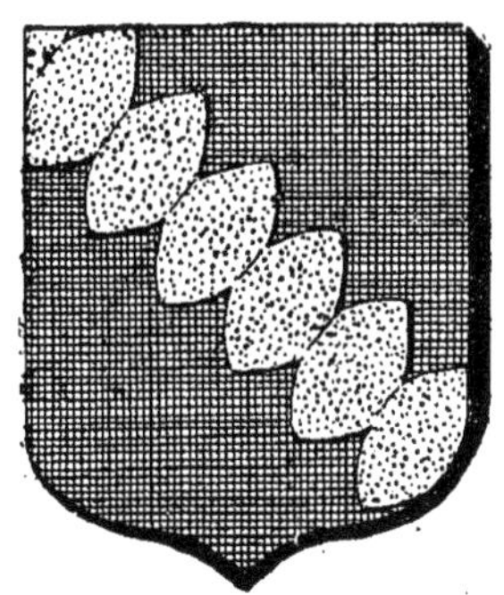

De sable à la bande fuselée d'or.

Devise : L'amour de Dieu est pacifique.

En 1614, au moment où la manie du duel décimait la jeune noblesse, un Chesnel tenta de fonder l'ordre de Sainte-Madeleine destiné à prévenir et à empêcher les combats singuliers. De cette généreuse inspiration vient la devise que porte aujourd'hui sa famille.

DE CHEYLUS.

Bretagne et Vivarais.

D'azur à un dauphin d'argent et un lévrier d'or affrontés, le dauphin couronné d'or, le lévrier colleté de gueules.

Devise : *Fé et honour* (Foi et honneur).

Cette devise est attribuée à Mgr de Cheylus, évêque de Tréguier en 1762. Elle a pour corps le lévrier des armoiries, emblème de la fidélité. Le dauphin, d'abord peu employé en armoiries, est devenu plus fréquent depuis l'annexion du Dauphiné à la France, et depuis cette époque on a tenu à honneur de pouvoir le placer dans son écu.

CHRÉTIEN DE POMMORIO.

De sinople à la fasce d'or accompagnée de trois casques de profil de même.

Devise : En bon chrétien.

Cette devise est équivoque au nom de Chrétien. Parmi les illustrations de la famille, on trouve un croisé et un chevalier de Malte.

CIBON.

Bretagne et Provence

D'or à l'aigle impériale de sable.

Devise : Léauté passe tout.

CILLART DE KERMAINGUY ET DE LA VILLENEUVE.

De gueules au greslier d'argent enguiché de même en sautoir
DEVISE : Mon corps et mon sang.

Aliàs : Mon cor et mon sang. Nous préférons cette dernière variante, malgré le mauvais goût du jeu de mots qu'on peut y trouver. En effet, le greslier ou cor sur champ de gueules et cette couleur est en blason l'emblème du sang.

CLARKE, DUC DE FELTRE.

Irlande-Paris.

D'or à la bande denchée d'azur, chargée d'une étoile d'argent et de deux besants d'or.
DEVISE : *Omnia nobis prospera* (Tout nous est prospère).

Kamel de Méreuf porte aussi cette devise.

CLERC, (LE) DE JUIGNÉ.

JUIGNÉ ET AUTRES BRANCHES.

D'argent à la croix engreslée de gueules, cantonnée de quatre alérions de sable.
CRI : Battons et abattons.
DEVISE : *Ad alta* (Vers les hauteurs).

Cette devise, par une double application aux pièces de l'écu, fait allusion à la croix qui nous guide vers les hauteurs morales et aux aiglettes qui s'élèvent dans l'air plus haut que les autres oiseaux. On peut la comparer à celle du ministre Chevreau qui était : *Ad alta, per alta*. avec un cabri pour corps. Nous préférons l'aigle.

CLISSON (DE).

De gueules au lion d'argent armé, lampassé et couronné d'or.

I. DEVISE : Pour ce qu'il me plaist.

II. DEVISE : *Sub pondere virtus crescit* (Le courage grandit avec le fardeau).

III. DEVISE : *Nescit vis ista teneri* (Cette violence ne saurait être contenue).

IV. DEVISE : *Per vulnera crescit* (Il devient plus grand par ses blessures).

V. DEVISE : *Dignus majore carena* (Digne d'un plus grand navire).

La première de ces différentes devises est aussi la plus ancienne. Elle était gravée sur le sceau d'Olivier de Clisson en 1407. C'est aussi la seule qu'il ait choisie et portée. Il fallait être bien grand seigneur pour oser ainsi afficher son bon plaisir, et malgré la haute position acquise par le connétable, nous ne pouvons nous empêcher de la trouver intolérable. Ses historiens l'ont du reste accusé d'avoir commis des cruautés, des exactions, et d'avoir gardé pour lui-même sans raison la solde qu'il devait à ses gens de guerre.

La seconde, la troisième, la quatrième et la cinquième devises ont été faites après sa mort, par des amis ou des panégyristes.

Sub pondere virtus crescit n'a pas de corps, elle trouve son explication dans les efforts toujours grandissants qu'il a fallu que Clisson fasse pour supporter le fardeau d'une vie si agitée et pour se maintenir à la hauteur de sa renommée.

Nescit vis ista teneri a pour corps une tour d'où s'échappent des flammes. C'est une allusion à l'activité que le connétable déploya du fond de la prison où l'avait enfermé le duc de Bretagne ; les flammes de sa puissante intelligence forcèrent les murailles de son cachot comme le feu d'un violent incendie force les murailles les plus solides.

Le corps de la quatrième devise : *Per vulnera crescit*, est une tête de saule émondé. Nous ne savons si elle a rapport aux blessures reçues à la guerre par le connétable, ou à la tentative d'assassinat commise sur lui par le duc Jean IV et qu'empêcha Bavalan. Il es certain qu'après sa sortie de prison, il devint encore plus puissant : tel le scion de saule sort plus robuste de la souche après le fer de l'émondeur.

La cinquième devise a pour corps un navire portant un mât trop grand pour lui. Elle fait allusion à l'abandon, que fit Clisson, du duc son maître et de la Bretagne, pour aller servir le roi de France. Peut-être eût-il acquis autant de gloire en restant dans sa patrie.

DES CLOS DE LA MOLIÈRE.

D'argent au chevron brisé d'azur, accompagné en pointe d'une ancre de sable au chef d'azur chargé de trois étoiles d'or.

Devise : *Salus in adversis* (Salut dans l'adversité).

Cette devise est celle de Jean des Clos, secrétaire du roi en 1711 ; elle a pour corps l'ancre des armoiries, emblème d'espérance et de salut. Cette idée serait renforcée par les étoiles du chef, si elles étaient une allusion à la puissance de la sainte Vierge (*Maris stella*).

DE COETANLEM.

D'argent à une fleur de lys de sable surmontée d'une chouette de même, becquée et membrée de gueules.

Devise : *Germinavit sicut lilium et florebit in æternum ante Dominum.* (Il a germé comme un lis et il fleurira dans l'éternité devant le Seigneur.)

Il y a une teinte de mélancolie dans cette espérance toute chrétienne d'une famille disparue. Elle a germé sur cette terre comme un lys, mais pour fleurir dans l'éternité.

La famille de Coëtanlem est éteinte depuis déjà longtemps, mais nous ne savons de quelle époque date sa devise. Elle a pour corps la fleur de lys des armoiries et c'est ce qu'on appelle une devise de tendance. La prédiction qu'elle renferme peut aussi bien s'appliquer à la famille qui l'a choisie qu'à Isaïe.

DE COETANSCOURS DE KERJEAN.

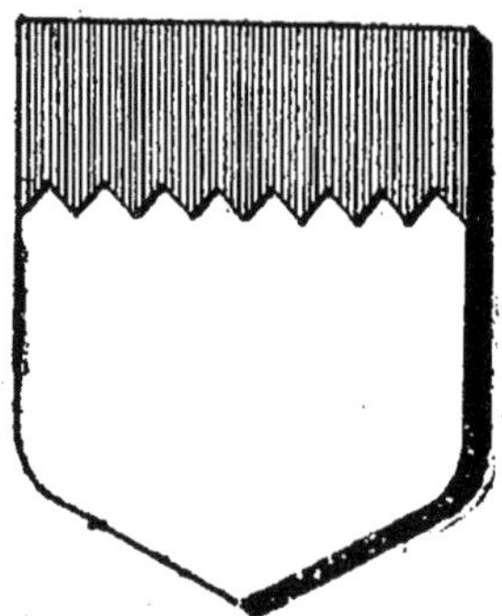

D'argent au chef endenché de gueules.

Devise : *A galon vad* (De bon cœur).

Coetanscours affronte de bon cœur les difficultés représentées par un chef endenché de gueules. Ce chef est de gueules parce que es difficultés peuvent coûter du sang.

COETAUDON ou COATAUDON (DE) DE KERDU.

D'or au lion de gueules armé, couronné et lampassé d'azur.

Devise : Tout à souhait.

COETGOUREDEN ou COATGOUREDEN (DE).

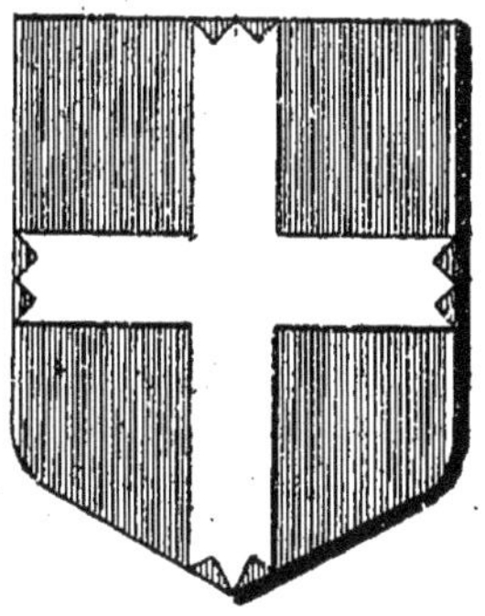

De gueules à la croix endenchée d'argent.

DEVISE : Je me contente.

II. DEVISE : *In cruce spes in munimen* (Dans la croix, l'espérance et le secours).

La première devise : *Je me contente*, est portée aussi par Croisy de Montalent.

. La seconde a pour corps la croix des armoiries. On peut la rapprocher de toutes les devises chrétiennes de ce genre, celle de Beudelièvre, par exemple : *Hoc tegmine tutus* (En sûreté sous cet abri).

COETIVY (DE) DE TAILLEBOURG.

Fascé d'or et de sable de six pièces.
DEVISE : *Bépred* (Toujours).
Aliàs : Prêd de (Il serait prêt).

COETLOGON (DE).

De gueules à trois écussons d'hermines.
DEVISE : *Et peb amser Coëtlogon* (De tout temps Coëtlogon).
Les écussons d'hermines en sont le corps et en indiquent l'ori-

gine bretonne. On peut la rapprocher de celle de Chateaufur : *Au jusant comme au flux, Chateaufur est mon nom*, qui a une signification à peu près identique.

COETLOSQUET (DE).

De sable semé de billettes d'argent, au lion morné de même sur le tout.

Devise : Franc et loyal.

COETMEN (DE).

De gueules à neuf annelets d'argent, 3, 3, 3.
Devise : *Item, Item* (De même, de même).

Cette devise signifie que les seigneurs de Coëtmen se succèdent les uns aux autres dans l'exercice des mêmes vertus avec la même uniformité que les annelets dans leur écu.

COETMENEC'H (DE) DE LESGUERN

Fascé de vair et de gueules.
Devise : Soit !

COETNEMPREN (DE) DE KERSAINT
ET AUTRES BRANCHES

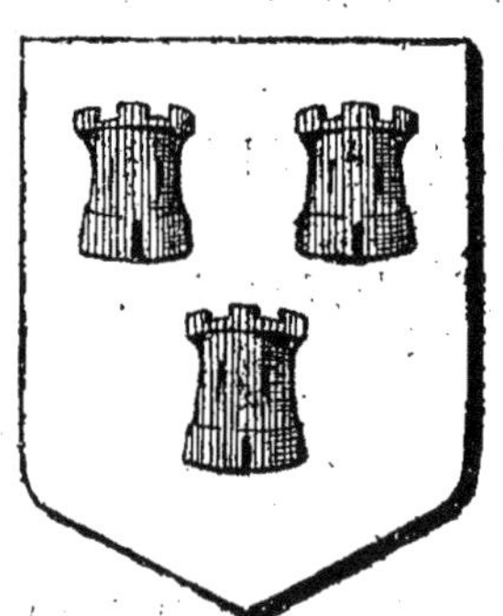

D'argent à trois tours crénelées de gueules.
Devise : *Et abundantia in turribus tuis* (Et l'abondance dans les tours).
Cri : *Coëtnempren ! Coëtnempren !*

Les paroles de la devise sont empruntées au Psaume cxxi, l'un de ceux que les fils d'Israël chantaient en montant à Jérusalem : « *Fiat pax in virtute tua et abundantia in turribus tuis !* » Dès que leur apparaissaient les remparts de la ville sainte, ils chantaient : « Que la paix demeure dans ta force et l'abondance dans tes tours ! »

COETQUELVEN (DE).

D'argent à la quintefeuille de sable.
DEVISE : *Bezaé peoc'h* (Etre en paix).

La quintefeuille ou rose n'a pas toujours été un emblème de paix, témoin celle d'York et de Lancastre.

COETQUEN DE VAURUFFIER ET D'UZEL.

Bandé d'argent et de gueules.
DEVISE : Que mon supplice est doux !

Cette devise rentre dans la catégorie des devises amoureuses ; elle paraît avoir été choisie pour un tournoi.

COETRIEUX (DE).

Ecartelé aux 1 et 4 : d'argent à trois fasces de gueules ; aux 2 et 3 : d'argent à l'arbre de trois branches de sinople, accompagnées de trois quintefeuilles de gueules. Aliàs : d'azur à trois trèfles d'or.

DEVISE : *Trina unitas utrique veneranda* (De toutes parts on doit vénérer la triple unité).

Cette devise fait allusion aux pièces de l'écu, toutes déployées trois par trois dans les premières armoiries; dans les secondes, l'allusion porte sur les feuilles de trèfle : cette plante est l'emblème de la sainte Trinité. Saint Patrick s'en servit pour expliquer ce mystère aux Irlandais qu'il catéchisait.

CŒURET DE NESLE.

D'argent à trois cœurs de gueules.

Devise : Plus de cœur que de vie.

Cette devise est équivoque au nom de Cœuret. Elle a pour corps les trois cœurs des armoiries et n'est, en langage noble et concis, que la traduction entithétique du proverbe populaire : « *Pour vivre long-temps, il faut un bon estomac et un mauvais cœur.* »

COLLAS.

D'argent à l'aigle impériale de sable, becquée, membrée et couronnée de gueules.

Devise : De tout temps immémorial.

Cette devise n'a pas de corps : c'est une allusion à l'antiquité de la famille Collas.

CONEN DE SAINT-LUC.

Coupé d'or et d'argent au lion de l'un en l'autre, armé, lampassé et couronné de gueules.

Devise : Qui est sot a son dam.

Cette devise n'est à proprement parler qu'un dicton fort vieux; l'idée qu'elle renferme est exprimée d'une façon naïve et originale.

LE CÓNIAC.

D'argent à l'aigle au vol abaissé de sable.

Devise : *Contendit ad cœlos* (Il s'efforce de monter jus-qu'au ciel).

Cette devise a pour corps l'aigle des armoiries.

LE CORGNE DE LA VILLEGOURANTON.

D'azur au lion passant d'or accompagné en chef de deux fleurs de lys de même.

DEVISE : *Spes et fortitudo* (Espérance et force).

DE LA CORNILLIÈRE.

De gueules à trois fleurs de lys d'argent.

DEVISE : *Ferrum ferro, consilium consilio* (Fer pour fer, conseil pour conseil).

C'est la loi du talion.

DE CORNULIER.

D'azur au rencontre de cerf d'or, sommé d'une moucheture d'hermines d'argent.

DEVISE : *Firmus ut cornu* (Raide comme la corne).

« Grégoire de Cornillé, fils d'autre Grégoire de Cornillé et d'Alisette de Cochiny, fut un très grand et habile chasseur, talent qui lui fit acquérir l'estime et l'inclination particulière du duc de Bretagne Jean IV, lequel voulut, sur ce qu'il avait amassé une grande quantité de bois et d'andouillers de cerfs, par la prise continuelle qu'il faisait de ces animaux, qu'il prît, au lieu de son nom de Cornillé, celui de Cornulier avec des armes parlantes, au lieu de ses armes anciennes qui étaient : *d'argent à trois corneilles de sable*, et portât : *d'azur au rencontre de cerf d'or* ; et pour lui témoigner son estime, lui permit d'ajouter entre ses branches une hermine d'argent ; ce qui fut vers l'an 1381 : dont sortit Guillaume de Cornulier. »

(Bernard de Girard, seigneur du Haillan, historiographe de France en 1595, mort en 1610).

LE CORNE.

D'azur à une chauve-souris éployée d'or en pal, l'estomac percé de gueules.

DEVISE : *Nocte vigilat* (Il veille la nuit).

Cette devise a pour corps la chauve-souris des armoiries. Les habitudes nocturnes de cet animal sont bien connues, ce qui l'est peut-être moins, c'est l'extrême acuité de sa vue et de son ouïe qui le tiennent en éveil perpétuel. Cette vigilance est indispensable à un bon général, et c'est ce que l'on a voulu indiquer ici.

COSPEAU.

Ecartelé aux 1 et 4 : d'azur à trois bouterolles d'or : aux 2 et 3 : d'or à la croix alésée de gueules.

DEVISE : *Pascitur inter lilia* (Nourri au milieu des lis).

Ces mots, tirés du Cantique des Cantiques, s'adressent au Christ. L'Eglise le compare à la fleur des champs et au lis des vallées. Elle ajoute qu'il ne croît qu'au milieu des lis. C'est ici une allusion à la fidélité des Cospeau pour les rois de France.

DU COSQUER.

Ecartelé aux 1 et 4 : d'or au sanglier de sable ; aux 2 et 3 : contre-écartelé d'or et d'azur.

DEVISE : *Mad ha kaër* (Bon et beau).

Cette vaniteuse devise est antérieure à 1688, car, à cette époque, la famille du Cosquer s'est fondue dans Le Pelletier.

DE COUËTUS.

D'argent au rencontre de cerf de gueules.

DEVISE : Plutôt mourir que mentir.

Aliàs : Je ne rachèterais pas ma vie par un mensonge.

Pendant les guerres de Vendée, le général de Couëtus, traduit devant un conseil de guerre, au mépris de la foi jurée, fut sollicité par des gens qui lui portaient intérêt de nier seulement sa participation au combat des Quatre-Chemins ; son acquittement ou sa condamnation dépendait de ce point. Il n'hésita pas et fit à ses ennemis la fière réponse qui sert aujourd'hui de devise à sa famille.

COURSON.

(Angleterre, Bretagne.)

D'or à trois chouettes de sable becquées et membrées de gueules.

I. DEVISE : Laissez Courson tenir ce que Courson a tenu.

II. DEVISE : *Bépret digoar* (Toujours droit).

La première de ces deux devises provient de la branche anglaise de la maison de Courson.

Après la conquête de l'Angleterre par Guillaume le Conquérant en 1066, le comte de Gaël, de la maison de Bretagne, se révolta contre le roi d'Angleterre et perdit tous ses biens (Voir le *Doomsbay Roode*). Robert de Courson faisait partie de l'armée du comte de Gaël. Il se défendit vigoureusement et ne se laissa pas dépouiller.

Nous ignorons l'origine de la devise bretonne, mais les Courson ne sont restés étrangers à aucune grande expédition. La conquête de l'Angleterre 1066, la sixième croisade 1248, et quatre fusillés à Quiberon pendant les guerres de la Chouannerie.

LE COURT DE LA VILLE-THANETZ ET BERRU.

D'azur à l'aigle éployée d'or.

DEVISE : Li droit chemin et li court.

LÉGENDE : *Clamat via brevis, recte meliora sequamur.*

DEVISE : Le ciel en est le prix.

La première de ces devises est équivoque au nom de Le Court. Elle a pour corps l'aigle des armoiries.

COURTOIS DE COETCASTEL.

D'azur à l'aigle impériale de sable.

Devise : Courtoisie convie, rusticité nuit.

Cette devise est équivoque au nom de Courtois. La courtoisie a été et est encore un des apanages de la noblesse. C'est à la manière dont il traite ses égaux et ses inférieurs que l'on reconnaît l'homme bien né.

DE LA COUSSAYE.

(Poitou et Bretagne.)

De gueules au lion d'or, au chef d'argent chargé de trois étoiles d'azur.

Devise : *Patriæ subsidient astra leonis* (Les étoiles du lion viendront en aide à la patrie).

Les étoiles et le lion des armoiries servent de corps à cette devise patriotique. Ils symbolisent les membres de la famille de la Coussaye.

DE COUTANCES.

(Touraine et Bretagne.)

D'azur à deux fasces d'argent accompagnées de trois besans d'or entre les fasces, posés 2 et 1.

Devise : *Constantiâ, justitiâ et fidelitate* (Par la constance, la justice, la fidélité).

Le premier mot de cette devise est équivoque au nom de Coutances.

DE CRAMEZEL DE KERHUÉ.

D'azur à trois dauphins d'argent.

Devise : *Fidelis patriæ* (Fidèle à la patrie).

Alias : *Fidelis patriæ, regi generosus et ardens, confestim vires animumque utrique repono* (Fidèle à la patrie, généreux et ardent pour le roi, j'emploie pour ces deux choses ma force et mon esprit.

DE CREC'HQUÉRAULT.

D'argent à trois tours crénelées de gueules.

DEVISE : *Tu dispone* (Toi, dispose).

Cette devise semble avoir pour corps les trois **tours** contenues dans les armoiries ; la tour est, en blason, le signe de la haute puissance.

DE CRÉQUY.

D'or à un créquier de gueules.

CIMIER : Deux têtes de cygnes affrontées.

I. DEVISE : Nul ne s'y frotte.

II. DEVISE : Qui s'y frotte s'y pique.

III. DEVISE : *Prisca lux, dux certa salutis* (L'ancienne lumière est la voie certaine du salut).

DICTONS.

I. — A Crequy hault baron,
   Créquier ault renom.

II. — Pour les Créquy, Mailly, d'Atilly,
   Tels noms, tels armes et tel cri,
   D'où l'on dit qu'armes parlantes
   Ou sont bien bonnes ou bien méchantes.

Dès l'an 1190, la devise de cette illustre maison était : *Nul ne s'y frotte.* On la rencontre sur des sceaux et les vieux hérauts d'armes en font mention. Jean V, sire de Créquy, l'abandonna par égard pour le roi Louis XI, attendu que ce souverain avait arboré la même devise en y donnant pour corps un porc-épic. Il la remplaça par la suivante : *Qui s'y frotte s'y pique.* La première de ces devises est commune aux *Gamaches*, etc. Les Créquy portent en cimier deux becs de cygnes, en souvenir d'une touchante histoire.

Comme tant d'autres, un chevalier de cette maison était parti pour la Croisade, laissant au logis une jeune femme tendrement aimée. Un jour que celle-ci se promenait autour de son château pour tromper l'ennui de la solitude, elle laissa tomber son anneau dans les douves. Toutes les recherches furent inutiles. Que dire au sire de Créquy, dont le retour était proche. La châtelaine redoutait fort de déplaire à son mari, qui ne manquerait pas de lui redemander l'anneau qu'il lui avait donné.

Dieu vint à son secours. Le lendemain, lorsqu'elle sortit de sa chambre, après avoir passé la nuit à pleurer, un cygne qu'elle affectionnait beaucoup vint à elle, tenant dans son bec la bague tant désirée.

L'histoire fut racontée au baron, dès son arrivée, et il voulut en consacrer le souvenir en prenant comme armes deux têtes de cygnes.

DALESSO DE RAGNY.

D'azur au sautoir d'or, cantonné de quatre limaçons de même.
Devise : *Charitatis opus* (Ouvrage de charité).

Cette devise fut prise par la maison Dalesso à cause de son alliance avec la famille de saint François de Paul.

Celui qui la porta le premier, Joseph Dalesso, maître des comptes de Nantes en 1536, était le petit neveu du saint.

DAMESME DE LA BOUVEMELLE.

(Normandie et Bretagne).

De gueules à la foi d'argent tenant une épée de même, la pointe en haut.

Devise : La foy et le roy.

Cette devise a pour corps les deux mains croisées, ou foi des armoiries, et le glaive qu'elles tiennent. Les deux mains jointes ont un double sens : elles peuvent être l'emblème de la prière et par conséquent de la foi en Dieu, mais aussi de la foi jurée par le vassal à son suzerain. Celui qui prêtait l'hommage mettait la main dans la main de son seigneur.

Le glaive rappelle au chevalier qu'il doit être toujours prêt pour la défense de son roi.

DANGLADE.

(Gascogne et Bretagne).

D'azur au poignard d'argent en pal garni d'or, la pointe en haut, accosté vers le chef d'une étoile et d'un croissant d'argent.

Devise : Faisons bien, laissons dire.

DAVID DE MONFERRIER.

(Bretagne et Languedoc.)

Une fasce accompagnée de trois roses.

Devise : Si je puis.

Cette devise est du XVIe siècle. Elle est commune aux familles de la Vernée, de Rostrenen, Hévingston en Ecosse et en France.

DAVID DE BOIS-DAVID.

D'argent au chêne arraché de sinople, englanté d'or, le tronc accosté de deux harpes de gueules.

Devise : *Memento, Domine, David* (Seigneur, souvenez-vous de David).

Cette devise est équivoque au nom de David ; elle a pour corps les deux harpes des armoiries. On se souvient de l'histoire de David et de Saül. La harpe était l'instrument dont il se servait pour apaiser la colère du roi et pour le rendre à la raison.

LE DÉAN DE JUIGNÉ.

D'argent au lion de pourpre armé de gueules.

Devise : *Vigor in virtute* (La vigueur dans le courage).

Cette devise a pour corps le lion des armoiries. On prête à cet animal les deux qualités dont il est ici fait mention.

LE DÉAUGUER DE KERANDRAON.

De gueules à la croix pleine d'argent.

Devise : *Dleet eo ar guir d'an déauguer* (Le droit est dû au dîmeur).

Cette devise est équivoque au nom, car en breton *déauguer* signifie : *dîmeur*. La croix des armoiries en est le corps. Notre-Seigneur n'a-t-il pas dit : « Rendez à César ce qui appartient à César. »

DENIER DE LA VILLENEUVE.

D'argent à deux lions affrontés de gueules.

Devise : *Nec sine sanguine furo* (Je ne pardonne pas sans que le sang coule).

Cette devise a pour corps les deux lions affrontés des armoiries. Ces animaux, dans la position qu'ils ont sur l'écu, semblent lutter avec acharnement l'un contre l'autre.

De même, lorsque deux braves chevaliers étaient en présence, les armes à la main, il n'était guère possible de les séparer, avant l'effusion du sang.

DE DERVAL.

D'azur à la croix d'argent frettée de gueules.

Devise : Sans plus.

DIEULEVEULT ou DIEU LE VEUT DE LAUNAY.

D'azur à six croissants contournés d'argent, posés 3, 2, 1.

DEVISE : *Diex le volt* (Dieu le veut).

Cette devise, ou plutôt ce cri, est équivoque au nom de Dieuleveult. Les croissants des armoiries en sont le corps. Les enseignes mahométanes étaient couvertes de croissants, et c'est au cri de : Dieu le veult ! que les Croisés partirent pour la Terre-Sainte.

DE DINAN.

De gueules à une croix ancrée d'argent, chargée de cinq hermines de sable.

DEVISE : Hary avant.

Ce cri est commun à Coëtmen. Il provient de Rivallon de Dinan, qui accompagna Geoffroy, second fils d'Alain Fergent, aux pays d'Outre-Mer, où il se rendit célèbre par son courage et ses aventures chevaleresques.

LE DIVEZAT DE KERVEDER.

D'argent à deux fasces d'or accompagnées de douze hermines de sable 4. 4. 4.

DEVISE : Espère en Dieu.

DONDEL DU FAOUËDIC DE KERGONANO (etc).

D'azur au porc-épic d'or.

DEVISE : *Præliare præcinctus semper* (Toujours prêt à combattre).

Cette devise a pour corps le porc-épic des armoiries.
Cet animal a dans les dards qui l'entourent de tous côtés une

armure qui ne le quitte jamais. Le chevalier ne doit jamais se séparer de ses armes et être toujours prêt à combattre pour la bonne cause.

LE DOUGET.

D'azur au chevron d'or accompagné de trois cœurs de même.

DEVISE : *Den a galon a za douget* (L'homme de cœur est redouté).

Cette devise est équivoque au nom *Douget* signifiant en français *redouté* ; elle fait aussi allusion aux cœurs des armoiries qui lui servent de corps.

DU DRESNAY.

D'argent à la croix ancrée de sable accompagnée de trois coquilles de gueules.

I. DEVISE : *Crux, anchora salutis* (Croix, ancre du salut).

II. En bon espoir.

La première devise a pour corps la croix ancrée des armoiries. C'est en s'attachant à la croix du Sauveur que les saints sont arrivés au ciel.

La seconde est commune à du Fresnay, Hamon de Bouvet, Kergroas ou Kergroadez, Rosmadec de Tivarlen, du Gaspern et de la Chapelle de Molac.

EDER DE BEAUMANOIR DE FONTENELLE.

De gueules à la fasce d'argent accompagnée de trois quintefeuilles de même.

DEVISE : *Libertas* (Liberté).

Ce cri, commun à plusieurs familles et villes d'Italie, fut adopté pendant la ligue par Guy Eder, célèbre capitaine ligueur, gouverneur de Douarnenez, condamné à mort et exécuté en 1602.

D'ELVA.

(Maine, Bretagne.)

D'azur au croissant d'argent surmonté de 3 étoiles d'or posées 1 et 2.

Devise : *Elata refulget* (Il brille par son propre éclat).

Par opposition au croissant des armoiries. On le sait, la lune n'a pas de lumière propre et réfléchit seulement celle du soleil.

D'ERM ou D'ERMO.

D'azur au pélican d'or au chef de gueules, chargé de trois billettes d'argent.

Devise : *Non illis est sanguine parcus* (Pour eux il n'est pas avare de son sang).

Cette devise a pour corps le pélican contenu dans les armoiries. La fable prétend que cet oiseau s'ouvre le flanc avec le bec pour nourrir ses petits de son sang.

D'ESPINAY DE MATHEFELON DE BLAISON (etc).

D'argent au lion coupé de gueules et de sinople armé d'or.

Devise : *Repellam umbras* (Je repousserai les ombres).

Nous ne savons si les couleurs d'un glaive dont est paré le lion des armoiries expliquent suffisamment cette devise.

Ce lion armé d'un glaive ne symbolise-t-il pas plutôt le chevalier franc et loyal prêt à dissiper les ténèbres du mensonge et de la félonie? Nous ne pouvons penser qu'il s'agisse de faire combattre des fantômes.

D'ESPINAY DE SAINT-LUC.

(Normandie, Bretagne)

D'argent au chevron d'azur, chargé de onze besans mal ordonnés d'or.

Devise : Oncques faillir.

DE L'ESPINAY.

D'argent à trois buissons d'épine de sinople.

Devise : *Sequamur quò fata vocant* (Marchons où le destin nous appelle).

ESTIENNE DE KERANROUX.

D'azur à trois coquilles d'or.

Devise : *Esto quod esse debes* (Sois ce que tu dois être).

Cette devise est équivoque au nom, quoique la parenté entre *Esto* et Estienne soit bien éloignée.

D'ESTIMBRIEUC.

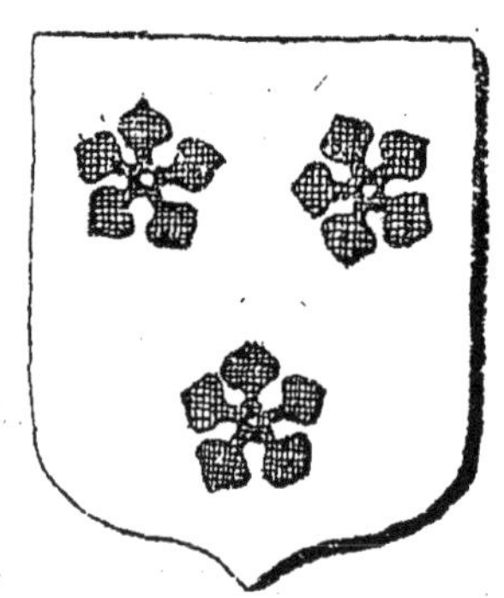

D'argent à trois quintefeuilles de sable.

Devise : *Iterum virescet* (Il verdira de nouveau).

Les quintefeuilles des armoiries sont le corps de cette devise. Elles sont de sable, et cette sombre couleur est l'image de la mort. Si des quintefeuilles ne peuvent pas reverdir, au moins peuvent-elles revivre, et c'est ce que l'on a voulu faire entendre. Au XVe siècle, la maison d'Estimbrieuc s'est fondue dans la Chesnaye, et c'est à cette époque que la branche cadette a dû dire : *Iterum virescet.*

DE L'ESTOURBEILLON.

D'argent au griffon de sable armé et lampassé de gueules.

CRI : Crains le tourbillon.

DEVISE : *Fidelis et audax* (Fidèle et audacieux).

Cette devise et ce cri sont rapportés dans la Réformation de 1669. Le cri est l'origine du nom de la famille. Au moyen âge, on disait un *estourbeillon* pour un tourbillon. Ex. « Il s'éleva devant li roy un grant *estourbeillon* de fouldre » (Froissart). D'après une tradition appuyée sur une concordance de lieux et de dates respectable, le premier titulaire aurait été un soldat de l'armée d'un comte de Rennes. Ce dernier, en le voyant s'élancer dans la mêlée comme un *estourbeillon,* à un combat contre les Normands, lui aurait dès lors attribué ce nom, en attachant désormais ledit *Estourbeillon* à sa personne.

D'ESTUER DE SAINT-MÉGRIN.

D'argent au sautoir de gueules.

DEVISE : *Nec adversa recuso* (Je consens à rencontrer les obstacles).

FABLET DE LA MOTTE.

De gueules à la croix d'argent chargée de cinq hermines de sable en chef d'azur chargé de trois étoiles d'argent.

DEVISE : *Ex voto publico* (D'après le vœu public).

Cette devise fut prise par Fablet de la Motte, conseiller au présidial, maire, lieutenant-général de la police et député de Rennes aux États de 1780.

LE FAUCHER.

(Comtat-Venaissin, Bretagne)

Tiercé en fasce au 1 : de sinople, au 2 : d'or, au 3 : d'azur, le 1er chargé de trois chausse-trapes d'argent, le 2e de trois molettes de sable et le 3e de trois annelets d'or.

Devise : Sans crainte.

FERRAND.

D'azur à trois épées d'argent rangées en pal, celle du milieu la pointe en haut, une fasce d'or brochant.

I. Devise : *Pro fide, pro rege, pro me* (Pour la foi, pour le roi, pour moi).

II. Devise : *Non ferient sed tuantur* (Pas pour frapper, mais pour défendre).

Ces deux devises ont pour corps les épées des armoiries.

Dans la première, chaque mot de la légende correspond à une épée de l'écusson. On peut rapprocher la seconde des paroles que l'on trouve gravées sur quelques vieilles dagues.

DE LA FERRIÈRE.

D'argent à trois fers de cheval de gueules cloués d'or.

Devise : S'il se peut faire, feriez.

Cette devise est équivoque au nom de Ferrière.
Les fers des armoiries lui servent de corps.

FERRON DE LA FERRONNAYS.

D'azur à six billettes d'argent 3, 2 et 1, au chef de gueules chargé de trois annelets d'or.

Devise : *In hoc ferro vinces* (Par ce fer tu vaincras).

Cette devise est équivoque au nom de Ferron. Elle a pour corps le cimier de l'écu ; c'est un dextrochère tenant une épée antique. Rapprochons-en celles de Tavignon et de la Grée : *In hoc signo vinces* (Par ce signe tu vaincras).

FERRON DE LA SAUVAGÈRE, DU CHESNE, etc.

D'azur à la bande d'argent chargée de quatre hermines de sable, le champ semé de billettes d'argent sans nombre.

Devise : Sans tache.

Cette devise, commune à du Bourblanc, Le Blanc et de Morny, a pour corps les hermines des armoiries. Elle fut concédée à un membre de la famille Ferron, par Henri IV, en 1590.

FILY DE LIMAREC.

D'or à la fasce de gueules accompagnée de cinq fleurs de lys de même 3, 2.

Devise : *Hæc lilia tincta cruore* (Les lis sont teints de sang).

Cette devise a pour corps les fleurs de lys de gueules des armoiries. C'est une allusion au sang versé par les membres de la maison de Limarec au service de leur pays.

DE FLOTTE.

(Provence et Bretagne)

D'azur au vaisseau d'argent flottant sur une mer de même, au chef de gueules chargé de trois étoiles d'or.

Devise : Tout flotte.

Cette devise, équivoque au nom de Flotte, a pour corps le vaisseau flottant des armoiries.

Elle fut concédée à un membre de la famille de Flotte, contre-amiral en 1782.

FLOYD DE TRÉGUILÉ.

(Bretagne et Angleterre)

D'argent au chevron de sable accompagné de trois corneilles de même.

Devise : *Furia virtuti nulla* (La fureur se brise contre la vertu).

DE LA FOREST DU CHESNAY.

(Poitou et Bretagne)

D'argent à la bande d'azur chargée de trois étoiles d'argent

Devise : *Favite, stellæ* (Favorisez-nous, étoiles).

Cette devise a pour corps les étoiles des armoiries. Elle a été dictée par un reste de superstition et de croyance à l'astrologie judiciaire. Les Le Gualès disent: *Faventibus astris*. Et sans croire pour cela à l'influence des astres, on se sert quelquefois d'expressions comme celle-ci : Né sous une heureuse étoile. Favorisé par son étoile.

DE LA FOREST DE GOASVEN.

D'azur à six quintefeuilles d'or 3. 2. 1.

Devise : Point gesnant, point gesné.

DE FORGES.

De gueules à l'agneau pascal d'argent.
DEVISE : *Pax* (Paix).

Cette devise a pour corps l'agneau pascal des armoiries. C'est aussi celle de la congrégation de Saint-Maur.

FORTIA D'URBAN.

(Bretagne et Comtat-Venaissin)

D'azur à la tour maçonnée de sable, posée sur un mont de six coupeaux de sinople.
DEVISE : *Turris fortissima virtus* (La vertu est le plus fort rempart).

Cette devise a pour corps la tour des armoiries. Elle fut adoptée par un membre de cette famille, vers le milieu du XVIe siècle.

DE LA FOSSE DE LANRIAL.

D'or à la roue de gueules.
DEVISE : *Rotat omne fatum* (Toute fortune tourne).

Cette devise a pour corps la roue des armoiries.
Elle exprime une pensée bien vieille et toujours vraie. Peu de familles ont échappé aux inconstances de la fortune.

DU FOU OU FAOU.

D'azur à l'aigle éployée d'or.
DEVISE : Dieu, l'honneur.

FOUCHER DE CAREIL.

De sable au lion d'argent.

DEVISE : *Virtutem a stirpe traho*. Je tire mon courage de ma race.

Cette devise a pour corps le lion des armoiries ; elle est aussi portée par BERNON DE LA GUILLEMAUDIÈRE, et de BULLET.

FOUQUET DE BELLE-ISLE

D'argent à l'écureuil de gueules.

DEVISE : *Quò non ascendam ?* (Où ne monterais-je pas ?)

Cette devise a pour corps l'écureuil des armoiries ; elle fut prise par le surintendant des finances Fouquet, et l'on sait quel désagrément lui attira l'interprétation qu'en firent les courtisans du roi-soleil. La véritable devise de la famille Fouquet était *Quò non ascendet ?*

FOURNIER DE BEAUREGARD, DE PELLAN, etc.

(Bretagne et Bourbonnais)

D'argent au lion de gueules armé, lampassé et couronné d'or, à la bordure engreslée de sable, chargée de huit besans d'or.

DEVISE : *Nec tactus abibis* (Tu partiras vainqueur).

AUTRE TRADUCTION : Tes blessures ne te feront pas reculer.

Cette devise a pour corps le lion des armoiries. Nous en donnons deux traductions, mais nous préférons la seconde qui est plus grammaticale.

La négation doit en effet porter sur le verbe, et nous avons ainsi mot à mot : Touché, tu ne t'en iras pas. Nous avons laissé de côté une autre traduction donnée par Bessas de la Mégie : Tu ne t'en iras pas sans être touché.

DE FRANCHEVILLE.

D'argent au chevron d'azur, chargé de six billettes d'or.
DEVISE : Honneur et bienfaisance.

DE LA FRESNAYE DE LÉVIN.

D'or à trois rameaux de frêne de sinople.
DEVISE : *Tutus sub ramis* (En sûreté sous ses rameaux).

Cette devise a pour corps les rameaux de frêne des armoiries. Pierrequeux, serviteur d'Anne et d'Isabeau de Bretagne, filles du duc François, obtint de ce prince, en 1485, lettres de franchise et exemption, confirmées par Louis XII en 1510, pour sa terre de Lorgeray, paroisse de Joué. C'est des ombrages de cette terre qu'il est ici question.

LE FROTTER DE LA VILLEMORO.

D'argent au château d'azur maçonné et girouetté d'or.
DEVISE : *Nil conscire sibi* (N'avoir rien à se reprocher).

DE LA FRUGLAYE.

D'argent au lion de sable armé et lampassé de gueules.
I. DEVISE : De tout et une pose.
II. DEVISE : *Os et ungues sanguine madent* (Mes ongles et ma gueule dégouttent de sang).

La seconde de ces devises, bien postérieure à la première, a pour corps le lion armé et lampassé de gueules des armoiries.

LE GAC DE LANSALUT.

D'azur au dextrochère armé d'argent, tenant cinq flèches d'or en pal, ferrées et empennées d'argent.

I. DEVISE : *Virtus unita* (Le courage est égal).

II. DEVISE : *Sicut sagittæ in manu potentis* (Ainsi les flèches dans la main du puissant).

La seconde de ces devises a pour corps le dextrochère tenant les flèches des armoiries.

LE GAC.

D'or au lion de sable, armé et lampassé de gueules.

DEVISE : *Semper fidelis* (Toujours fidèle).

Cette devise est celle d'un membre de la famille Le Gac, conseiller au parlement en 1787.

GAESDON ou GAEDON

D'argent à la tête de lièvre de sable arrachée de gueules, et accompagnée de trois gresliers de sable.

DEVISE : *Pa zoun ar c'horn é saill ar Gaëdon* (Quand le cor sonne les lièvres se lèvent).

Cette devise a pour corps les gresliers au cor des armoiries. Elle est équivoque au nom, car *Gaëdon* signifie lièvre, en français. Elle oppose le courage des seigneurs de Gaëdon, se levant au son de la trompette guerrière, à la poltronnerie du lièvre détalant au son de la trompe, mais il faut être bien appuyé sur un passé glorieux pour porter une telle devise.

GALBAUD DU FORT

D'azur à trois noix de galle d'or.

DEVISE : *In fide maneo* (Je reste dans ma foi).

Cette devise date de 1793. Le chevalier Pierre Galbaud du Fort, officier d'artillerie, était en 1793 sous-lieutenant au régiment d'Aquitaine, à l'armée des pr inces. Sa belle conduite à la prise d'une redoute située près de Berheim lui mérita les éloges du prince de Condé et la lettre qui suit :

« Mon cher du Fort,

« A la satisfaction que m'a fait éprouver votre belle conduite à l'affaire de Berheim, j'ajoute le plaisir de vous annoncer que M. le Régent vous autorise à joindre à vos armes la devise : *In fide maneo*, qui apprendra à tous combien vous avez toujours été fidèle et dévoué à la cause du Roi. Recevez, etc. »

Cette lettre est datée de Germesheim le 27 juillet 1793.

DU GARO, puis DE KERMÉNO

D'argent à deux fasces de sable.

DEVISE : *Qualitate et quantitate* (Par la qualité et la quantité).

DU GASPERN

D'or au lion de gueules accompagné de sept billettes d'azur en orle.

I. DEVISE : Qui s'y frotte s'y pique.

II. DEVISE : En bon espoir.

La première de ces devises a pour corps le lion des armoiries. Elle est commune à la ville de Nancy, et aux familles de Rosières, de Hamel-Bellenglisé, de Grand-Bullecourt, du Buysson, de Créquy, de Giey, Flandre de Malortic, d'Hérisson.

La seconde est commune à : du Fresnay, Hamon de Bouvet, Kergroadez, Rosmadec de Tivarlen, du Dresnay, de la Chapelle de Molac.

DE GASSION

Béarn et Bretagne.

Ecartelé, aux 1 et 4 : d'azur à la tour d'or; aux 2 et 3 : d'argent à l'arbre de sinople, un lévrier de gueules accolé d'or passant au pied.

Devise : *Nec frustra curret* (Qu'il ne courre pas en vain).

Cette devise a pour corps le lévrier contenu dans les 2e et 3e quartiers des armoiries. Le lévrier héraldique, tantôt emblème de fidélité, tantôt emblème de vitesse et d'énergie, représente souvent un chevalier ou une famille entière. Le souhait que les Gassion forment pour leur lévrier n'a rien de la vénerie. Ce sont leurs propres efforts pour la défense du pays et pour leur gloire personnelle qu'ils désirent ne pas voir demeurer infructueux.

DE GASTINAIRE

Piémont, Franche-Comté et Bretagne.

D'azur à deux os de mort d'argent en sautoir, cantonnés de quatre fleurs de lys d'or.

Devise : *Vincendum aut moriendum* (Vaincre ou mourir).

Cette devise a pour corps les fleurs de lis et les ossements des armoiries. La belle pensée qu'elle exprime a parfois échauffé le courage des héros et leur a fait gagner des batailles désespérées. Parfois aussi des combattants se sont vus dans cette seule alternative de vaincre ou de mourir, et ont alors accompli des faits d'armes dont on ne les eût jamais cru capables.

GAULTIER DE LAUNAY

D'azur à la rose d'argent accompagnée en chef de deux étoiles d'or et d'un croissant de même en pointe.

Devise : *Crescentur ad sidera* (Ils seront élevés jusqu'au ciel).

Cette devise a pour corps la rose, les étoiles et le croissant des armoiries. C'est une pensée chrétienne, les astres sont mis là pour le ciel ; mais on peut aussi l'interpréter dans un autre sens et lire : leur gloire ira jusqu'aux nues.

GAUTIER DU POUILLADOU

D'or à une chouette de sable en abyme, becquée et membrée de gueules, accompagnée de trois molettes de même.

Devise : A chacun sa vue.

Cette devise a pour corps la chouette des armoiries ; on sait que cet oiseau voit mieux la nuit que le jour. Il vaut mieux, pensent les Gauthier, ne pas être oiseau de nuit.

GEFFROI DE KERESPERTS et DE LA VILLEBLANCHE.

D'argent à l'aigle de sable, armée et becquée de gueules, chargée sur l'estomac d'une croix pattée d'azur à enquerre.

Devise : *Volabit sicut aquila* (Il volera comme l'aigle).

Cette devise a pour corps l'aigle des armoiries. Elle fut donnée en même temps que ses armes à Yves, sénéchal de Quimperlé, anobli en 1653. Si elle n'a pas un sens caché que nous ne pouvons approfondir, on la pardonnerait à peine à un Montmorency. — Le prophète Jérémie, parlant d'Israel vaincu par les Moabites, dit qu'il reprendra son vol : *Et volabit sicut aquila* !

GELLÉE DE PREMION

De gueules à une fasce d'argent, chargée de trois losanges d'azur et accompagnée de trois têtes de lion d'or, aliàs *d'azur au compas d'argent.*

Devise : *Signa iter* (Il indique le chemin).

Cette devise a pour corps le compas des armoiries.

C'est avec le compas que les marins retrouvent leur route sur la mer, et c'est sans doute un membre de la famille Gellée de Premion exerçant cette profession qui choisit la devise que nous venons de citer à moins qu'elle ne provienne de Jean-Baptiste Gellée, maire de Nantes en 1754. Ce dernier aurait voulu exprimer que mis à la tête de ses concitoyens il les conduirait dans le bon chemin et leur indiquerait la route à suivre. Il existe une autre interprétation : la branche libre d'un compas laisse soit un sillon, soit une trace, de même l'homme de bien qui s'est rendu utile à ses concitoyens laisse un souvenir impérissable.

DE GENNES

D'azur à trois renards passant d'or l'un sur l'autre.

Devise : *Caste, caute et quiete* (Chastement, prudemment, tranquillement).

Cette devise a pour corps les trois renards des armoiries. Le renard, dit-on, symbolise la finesse et la prudence.

LE GENTIL DE ROSMORDUC et DE GANY

D'azur au serpent volant d'or.

I. Devise : *Virtus sola gentilis* (Le courage seul est noble ou le courage est l'apanage des Le Gentil).

II. Devise : *Spargit undequaque venenum* (De toutes parts il répand le venin).

La première de ces devises est équivoque au nom de Le Gentil.

La seconde a pour corps le serpent volant des armoiries. Le serpent volant ou dragon a toujours été l'emblème de la fidélité vigilante. C'était un dragon, dit la fable, qui gardait les pommes d'or au jardin des Hespérides, un dragon qui dans les vieux contes et les romans de chevalerie garde le trésor ou la belle enchantée ; il n'est donc pas étonnant de voir un gentilhomme gardien né de son pays et de son roi en prendre un pour armoiries et pour emblème. En prêtant au dragon la faculté de mordre comme la vipère et de piquer comme le scorpion, on a voulu faire allusion à la force de chevalier et à l'activité qu'il s'engage à déployer pour défendre sa cause.

On a prêté à tort une troisième devise aux Le Gentil de Ros-
morduc, mais elle est assez belle pour que nous n'hésitions pas
à la citer. Elle a aussi pour corps le serpent volant. *Suis ardens
nititur alis*. Il s'élève sur ses ailes de feu.

Quel poétique enthousiasme !

LE GENTIL DE COETANFROTER

*D'or à une fasce de gueules accompagnée de trois roses de
même.*

Devise : *Gentil dan oll* (Gentil pour tous).

Cette devise est équivoque au nom de Gentil.

DE GHAISNE DE BOURMONT

Maine, Anjou, Bretagne et Flandre.

*Ecartelé, aux 1 et 4 : vairé d'or et d'azur, au franc canton de
sable chargé d'un chef d'argent ; aux 2 et 3 : fascé de vair et de
gueules de six pièces.*

I. Devise : *A Ghisac, Gand, Coucy !*

II. Devise : Charité, valeur, loyauté.

III. Devise : Toujours à Dieu, toujours au droit.

La première de ces devises a trait aux alliances de la maison de
Ghaisne.

GIBON DE KERIZOUET et DU COEDIC

De gueules à trois gerbes de blé d'or.

Devise : *Semen ab alto* (La semence vient d'en haut).

Cette devise a pour corps les gerbes des armoiries.

Si Dieu nous a donné le blé dont nous nous nourrissons, il a
répandu aussi dans nos cœurs la semence de la parole divine,
et Notre-Seigneur nous a ordonné de ne pas la laisser tomber sur
la pierre.

GILART DE KERANFLEC'H

Maine et Bretagne

De gueules à deux clefs d'argent en sautoir, les gardes en bas.

I. DEVISE : De gibart servant.

II. DEVISE : Et pour et contre.

GIRAUD DE LA BIGEOTIÈRE et DE RANZAY

D'argent à la fasce de gueules accompagnée de trois croissants de sable.

I. DEVISE : *Nil temere aut timide* (Rien avec témérité ni timidité).

II. DEVISE : De près et de loin.

Nous pouvons rapprocher de cette première devise celle du maréchal de Moltke : Peser, puis oser. L'une et l'autre expriment la même idée dans un langage différent, et ce serait le *nec plus ultra* de l'habileté et du courage de ne point se départir d'un aussi sage conseil. La seconde devise est celle qui accompagnait le fameux porc-épic de Louis XI : *Cominus et eminus*.

GLÉ DE LAUNAY

D'argent au cœur de gueules, traversé d'une flèche de même en barre, la pointe en bas, accompagnée de trois roses de gueules.

DEVISE : Blessure au cœur, jamais à l'honneur.

Cette devise a pour corps le cœur percé d'une flèche des armoiries. Il est inutile d'insister sur la grande et chevaleresque idée qu'elle exprime.

DE GOESBRIAND

D'azur à la fasce d'or.

DEVISE: Dieu y pourvoira.

Cette devise est commune au marquis de Suffren, Saint-Tropez pair de France, et à Bellingant de Crénom.

L'homme de guerre et le marin doivent plus encore que d'autres s'abandonner à la Providence, èux dont la vie est sans cesse en danger et dont la fortune subit de continuelles fluctuations.

LE GOFF DU QUELENNEC et DE LANCONNERY, etc.

D'argent au château de sable maçonné d'argent.

DEVISE : Fidèle et sincère.

Cette devise a pour corps le château maçonné d'argent des armoiries. Le château est fidèle s'il n'abaisse pas son pont-levis devan t l'ennemi, et la sincérité des Le Goff est exprimée par l'argent ; le blanc symbolysant la candeur.

LE GONIDEC DE TRESSAN

D'argent à trois bandes d'azur.

I. DEVISE : *Ioul Doué.* La volonté de Dieu.

II. DEVISE : Fonds d'argent n'est pas sans traverses.

Un autre a dit : Fonds d'argent ne nuit pas.

Cette seconde devise, pleine de bonhommie et de philosophie pratique, peut se rapprocher du dicton : Qui terre a, guerre a. Quant à la première, elle fait allusion au nom *Le Gonidec* qui signifie en français *le gagnant*, le vainqueur ; c'est un acte de soumission à la Providence de Dieu qui seule donne ou refuse la victoire.

DE GOUDELIN

D'or à l'épée d'argent garnie d'or en pal, la pointe en bas.

Devise : Joie sans fin à Goudelin.

Ce cri est supposé poussé par les vassaux de la maison de Goudelin. Nous en trouvons beaucoup d'analogues, en Bretagne et dans le reste de la France. Cela donnerait à penser que la noblesse était plus aimée des paysans que l'on ne voudrait nous le faire croire depuis un siècle. On ne souhaite pas de bonheur à ceux que l'on déteste.

DE GOULAINE DU FAOUET

Mi-parti d'Angleterre et de France.

Devise : *De cettuy-ci, de cettuy-là,* (J'accorde les couronnes).

Pendant que le roi Henry d'Angleterre gouvernait le duché de Bretagne au nom de son fils Geóffroi, il fit à plusieurs reprises la guerre à Louis VII et à Philippe II, dit le Conquérant.

L'an 1169, ils armèrent l'un contre l'autre, ils étaient sur le point d'en venir à une sanglante bataille. Quelques bons Français apaisèrent leurs bouillantes passions, en les accordant par le mariage de Henry, fils aîné du roi anglais et frère aîné de Geoffroi, duc de Bretagne, avec Marguerite, fille du roi Louis.

Mathieu de Goulaine, quoique fort jeune alors, fut le principal ambassadeur de cette négociation et eut le bonheur de réussir à empêcher des hostilités imminentes.

Mais ce ne fut que pour un temps, et, lorsque le Pape Urbain III fit prêcher la Croisade, les deux rois étaient encore en guerre et n'osaient partir pour la Palestine, de peur de laisser le royaume à la merci d'un ennemi puissant.

Mathieu de Goulaine était alors à Rome. Le Pape lui reconnaissant de grandes qualités, le choisit pour réconcilier les deux rois. Il réussit une fois encore : la paix fut conclue entre Henry et Philippe–Auguste. Ils récompensèrent leur arbitre en lui permettant de porter les armes mi–parti d'Angleterre et de France, et d'y ajouter la devise que porte encore sa maison.

Abélard, né dans la seigneurie de Goulaine, a renfermé le sens de la devise de cette maison dans le distique suivant :

Arbiter hic ambos reges conjunxit amore,
Et semel illustris stemma ab utroque domus.

(Arbitre entre deux rois, il les a rendus amis, et sa famille en a reçu un double anoblissement).

GOURIO DE LANNOSTER

Ecartelé aux 1 et 4 : de gueules à deux haches d'armes adossées d'argent au chef d'or ; aux 2 et 3 : d'argent à trois chevrons d'azur.

DEVISE : Dieu me tue.

DE GOURNAY

Une fasce chargée de-trois étoiles et accompagnée de trois annelets.

DEVISE : En Dieu ma force.

DE GOUVELLO

D'argent au fer de mulet de gueules, accompagné de trois molettes de même.

DEVISE : *Fortiduni,* (Au courage).

La maison de Gouvello possédait déjà cette devise en 1265, car elle est gravée autour de ses armes sur un sceau de cette époque. C'est aussi la devise de l'Ordre militaire de Marie-Thérèse, institué en 1757 et celle de la famille de Saintignon.

GOUYON, GOUÉON ou GOYON

D'argent au lion de gueules couronné d'or.

I. CRI : Honneur à Gouyon.

II. Cri : Liesse à Gouyon.

III. CRI : Liesse à Matignon.

I. DEVISE : *Keransker samekec, Keransker guhimekec,* (Château redoutable et Châtelain secourable).

II. DEVISE : *Virtuti tempore*, (Courage et longueur de temps).

Cette première devise a été composée pour le château de la Roche-Gouyon , aujourd'hui Fort-la-Latte , bâti par un membre de la famille Gouyon pour protéger le pays contre les incursions des Normands.

GOUYON DE COIPEL

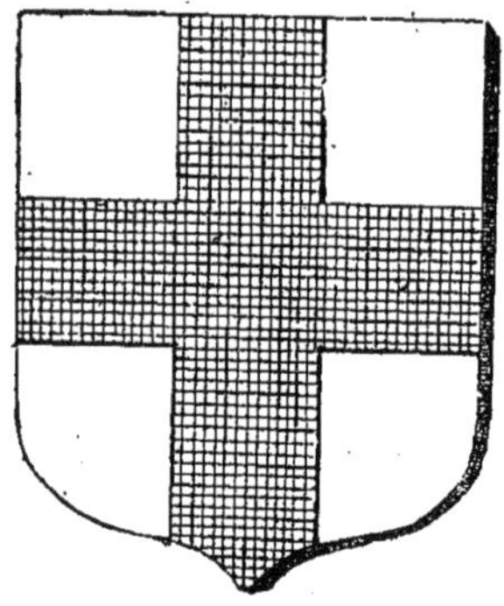

D'argent à la croix pleine de sable.

DEVISE : *Crux mihi spes et honor*, (La croix est mon espérance et mon honneur).

Cette devise a pour corps la croix des armoiries. Elle est l'espérance du chrétien, mais elle en est aussi l'honneur, car, depuis que Notre-Seigneur a daigné mourir sur une croix pour nous sauver, cet instrument de supplice, naguère infâme, est devenu glorieux. Les ordres de chevalerie chrétiens ont tous une croix. C'est en lui donnant la croix que l'on récompense le brave. Il n'est pas jusqu'à l'écolier dont ce mot n'éveille l'ambition.

DE GOURZABATZ

Écartelé d'argent et d'azur, le premier quartier chargé d'une croix ancrée de gueules, surchargée de cinq coquilles d'argent.

DEVISE : Uniment.

DE GOUZILLON

D'or à la fasce d'azur, accompagnée de trois pigeons de même, becqués, membrés de gueules.

Devise : Sans fiel.

Cette devise a pour corps les pigeons des armoiries.

GRAVOIL DU TERTRE

D'argent à un cœur de gueules, cantonné des quatre lettres D. I. E. V. de sable.

Devise : Dieu.

Cette devise tirée des armoiries, où elle est écrite autour d'un cœur de gueules, est celle d'Antoine Gravoil, maire de Nantes en 1584.

DE GRAS OU GRATZ

Dauphiné et Bretagne

D'argent au chêne de sinople englanté d'or, naissant de la pointe ondée d'azur.

Devise : Stat fortis in arduis, (Debout dans l'adversité).

Cette devise a pour corps le chêne des armoiries. Le chêne est un des arbres qui s'enracinent le plus solidement et résistent le mieux aux orages. C'est l'emblème ordinaire de la force. Variante : *Stat fortis in armis,* sans doute à cause d'autres armoiries que l'on rencontre dans l'Armorial de 1696 et qui sont : *D'azur au lion d'or, lampassé et armé de gueules, chargé de trois cotices de gueules posées en barre.* Cette devise paraît être celle de Jacques, page du duc d'Aumont, qui le suivit en Bretagne et s'y établit en 1592.

LE GRAS DE LUART

Maine et Bretagne

D'azur à trois rencontres de cerf d'or.

DEVISE : *Ne varietur,* (Ne peut pas changer).

DE LA GRÉE

D'argent à la croix de gueules, cantonnée de quatre croisettes de même.

DEVISE : *In hoc signo vinces,* (Tu vaincras par ce signe).

Cette devise a pour corps la croix des armoiries. Elle figurait sur le labarum de Constantin. « Elle est commune à : Marescot, Charpin de Fougerolles, Jouenne d'Esgrigny, Trimoro de Puymichel, Tavignon du Chantal, du Mar de Peyrac, de Matharel et de Varrelot. Cette devise se lit aussi sur des jetons de la ville de Bourges du XVIIe siècle, portant une croix ; et sur une médaille de Granvelle, archevêque de Besançon, cardinal, ministre de Charles-Quint et de Philippe II, où l'on voit représenté un chevalier entouré de ses troupes et recevant un drapeau de la main du Pape. (Chassant.)

GRIGNART DE CHAMPSAVOY

De sable à la croix d'argent, cantonnée de quatre croissants de même.

I. DEVISE : *Spes mea Deus,* (Dieu est mon espoir).

II. DEVISE : En elle je mets mon espoir.

Ces deux devises ont pour corps la croix des armoiries.

GRUEL DE LA MOTTE

D'argent à trois fasces de sable.

DEVISE : *Tutamen utrobique*, (Protection de tout côté).

LE GUALÈS OU GOALÈS DE MÉZAUBRAN

De gueules au croissant d'argent, accompagné de six co-quilles de même : 3. 3.

DEVISE : *Faventibus astris*, (A la faveur des astres).

Cette devise a pour corps le croissant des armoiries. Elle convient à une famille dont plusieurs membres ont été marins.

GUÉHENEUC DE LA BRIANÇAIS ET DE CHASTILLON

De gueules au lion d'argent, accompagné de cinq étoiles d'or : 2. 2. 1, au franc canton d'azur.

DEVISE : N'en parlez jà.

Cette devise paraît avoir été prise à l'occasion d'un tournoi.

DE GUENGAT

D'azur à trois mains dextres appaumées d'argent en pal : 2. 1.

DEVISE : Trésor.

Cette devise a pour corps les mains appaumées d'argent des armoiries. Elles paraissent contenir un trésor.

DE GUER DE PONTCALLEC

D'azur à sept macles d'or : 3. 3. 1, au franc canton d'argent fretté de huit pièces de gueules.

DEVISE : *Sine maculis*, (Sans tache).

Cette devise a pour corps les macles des armoiries. C'est une opposition de mots, contenant une allusion au soin avec lequel toute une race a su garder intact l'honneur de son nom et de ses armes.

GUÉRIN DE LA ROUSSELIÈRE

Maine et Bretagne

De queules à trois écussons d'or.

DEVISE : *Stemmata rutilent auro* (Les écussons brillent d'or).

Cette devise a pour corps les écussons d'or des armoiries.

DE GUERNISAC

D'or à la fasce de gueules, chargée de trois molettes d'argent.

DEVISE : *Ped bepret*, (Prie sans cesse).

DE LA GUERRANDE

D'argent à l'aigle à deux têtes, éployée, de sable, tenant en sa patte dextre un laurier de sinople.

DEVISE : *Virtute fideque probata*, (Valeur et fidélité éprouvées).

DU GUESCLIN OU GUARPLIC DE LONGUEVILLE

Palé de six pièces à trois fasces fuselées d'hermines brochant.

CRI : Notre-Dame Guesclin.

I. DEVISE : *Dat virtus quod forma negat*, (Le courage obtient ce que la beauté refuse. Le courage supplée à la beauté.)

II. DEVISE : *Nil virtus generosa timet*, (Pas d'obstacle pour la valeur).

III. DEVISE : *Per me splendet hiber*, (Mon hiver resplendit).

IV. DEVISE : *Etiam moriendo coruscat*, (Il brille même à son déclin).

Le cri de Du Guesclin est un appel et une demande de secours à la très sainte Vierge. Il signifie : Notre-Dame, prêtez aide et protection à votre serviteur Du Guesclin.

Les quatre devises que nous citons ici, toutes sont à la louange du grand chevalier breton, n'ont été ni choisies par lui ni faites de son vivant.

Il était laid, disent ses biographes, et manquait de prestige. Sa valeur extraordinaire et constante racheta et bien au delà ce défaut, purement physique; c'est ce qui signifie : *Dat virtus quod forma negat.*

Nil virtus generosa timet, a pour corps un faucon tombant sur un héron. Les oiseaux de vol étaient souvent la victime du héron, au moment où ils fondaient sur lui. Belon prétend, que pour dernière défense, le héron passe sa tête sous son aile et présente un bec pointu à l'oiseau ravisseur. Le faucon s'y précipite et se perce lui-même. Cette devise fait allusion au combat de du Guesclin contre Cantalès. L'Anglais s'y montra couard et traître comme le héron, mais du Guesclin vint à bout de son ennemi et ne fut pas victime de ses ruses.

Per me splendeth iber, la troisième devise, a pour corps un soleil sur un lac glacé. Elle fait allusion à la vigoureuse et verte vieillesse de du Guesclin. Il mourut, en effet, à l'âge de 66 ans, sans avoir interrompu, un seul instant, le cours de ses travaux guerriers et de ses victoires.

La quatrième devise : *Etiam moriendo coruscat*, est relative à sa mort. Il assiégait le château de Randon quand sa dernière maladie le surprit, et le dernier jour de sa vie fut une dernière victoire, on lui apporta les clés du château, quelques minutes seulement après son dernier soupir. Elle a pour corps un flambeau près de s'éteindre.

DE GUESNET

D'azur à la cuirasse d'or surmontée d'un casque de même, orné de trois panaches d'argent au chef d'hermines.

DEVISE : *Tutissima lorica virtus* (Le courage est la meilleure armure).

Cette devise a pour corps la cuirasse des armoiries. Elle fût concédée à P*** Guesnest, officier supérieur, avec ses lettres d'anoblissement, en 1818.

DE GUICAZNOU

D'argent fretté d'azur.

DEVISE : Dieu me tue.

Guicaznou s'est fondu dans Gourio qui porte actuellement cette devise.

GUILLARD D'ARCY

Beauce et Bretagne.

De gueules à deux bourdons d'or en sautoir, accompagné de trois rochers d'argent.

DEVISE : *In fide sta firmiter* (Persiste généreusement dans la fidélité).

Cette devise a pour corps les bourdons des armoiries. C'est aussi celle de l'ordre de Saint-Hubert, créé en 1444, par Gerhard V, duc de Juliers, de Clèves, et de Berg; rétabli en 1709, par Jean-Guillaume de Neubourg, duc de Juliers.

Cet ordre fut confirmé, en 1718, par Charles-Philippe, prince électoral, et en 1800, par le roi Maximilien–Joseph IV.

GUILLEMOT DE LA VILLEBIOT

D'azur au lion couronné d'or, accompagné de trois molettes de même.

DEVISE : Doux et terrible.

Cette devise a pour corps le lion des armoiries.

DU GUINY

D'azur au double croissant d'or.

DEVISE : *Deo regique fidelis* (Fidèle à Dieu et au roi).

Cette devise est celle de la famille Hocquart. Elle fut adoptée par M. Ferdinand du Guiny, après son mariage avec Mlle Hocquart, en 1857.

GUIOMAR DE LA PETITE-PALUE

De sable semé de billettes d'argent, au poisson de même en pal.

Devise : *Quémer quélen* (Prendre conseil).

DE GUITTON OU DES GUITONS

Normandie et Bretagne

D'azur à trois angons d'argent.

Devise : *Diex ayde.*

« Guillaume le Conquérant gratifia de vastes domaines dans le comté de Devon (*in agro devoniensi*), dit la charte, Raoul de Guiton qui avait [suivi ce prince en Angleterre. Philippe-Auguste ordonna à tous les Normands, qui possédaient des biens en Angleterre et en France, d'avoir à opter entre ces deux pays. La branche de la maison de Guitton qui revint en France, adopta alors cette devise. Sur l'ancien sceau de cette maison on lit la devise, placée dans les armes mêmes. » (Bessas de la Mégie.)

C'est aussi le cri des ducs de Normandie.

DU HALGOUET

D'azur au lion morné d'or.

Devise : *Ker guen hag haléguen* (Blanc comme le saule).

Cette devise est équivoque au nom de Halguen.

La blancheur est l'emblème de l'innocence et de la loyauté. Halguec signifie : *Bois-de-Saules*, et ce bois passe pour très blanc.

HALNA DU FRETAY

D'argent au chevron de sable, accompagné en chef de deux haches d'armes adossées de même.

Devise : *Arcana servant* (ils gardent les secrets).

Cette devise a pour corps les haches d'armes des armoiries (Chassant).

HAMON DE LA LONGRAYS

D'azur à trois annelets d'or.

DEVISE : Ha ! mon ami.

Cette devise est équivoque au nom de Hamon

HAMON DE BOUVET

D'argent à la croix alésée d'azur, cantonnée de quatre macles de même.

DEVISE : En bon espoir.

Cette devise est commune à du Fresnay-Kergroas ou Kergroadez, Rosmadec de Tivarlen, du Dresnay du Gaspern et la chapelle de Molac.

HARRINGTON DE LA GRANDMAISON

Angleterre et Bretagne.

De sable au sautoir d'argent, chargé en cœur d'une macle de même.

DEVISE : *Nodo firmo*, (D'un nœud fermé).

Cette devise a pour corps la macle et le sautoir des armoiries. La macle a souvent été, surtout dans l'héraldique du XVIIe siècle, l'emblème de la maille de filet de chasse. Placée à l'endroit où se réunissent les deux parties du sautoir, elle paraît les lier fortement ensemble.

HARSCOUET DE KERTANGUY ET DE SAINT-GEORGES

D'azur à trois coquilles d'argent.

DEVISE : *Enor ha franquiz*, (Honneur et franchise).

HAY DE LOURMEAU ET DE SLADE

D'azur à trois écussons de gueules.

DEVISE : *Renovate animos* (Reprenez courage).

CRI : Hay ! Hay !

Vers 900, le laird écossais Hay était à la charrue, lorsqu'il vit ses compatriotes fuyant devant les Saxons. Il s'élança, suivi des femmes de son clan, en poussant le cri : Hay ! Hay !

La devise plus récente n'est que la traduction élégante du cri.

HAY DES HÉTUMIÈRES, DE BONTEVILLE ET DU CHASTELET

De sable au lion morné d'argent.

I. DEVISE : Crains, aime, hais.

II. DEVISE : *Toga enitesco et ense* (La toge et l'épée, voilà mes gloires).

La première de ces deux devises est équivoque au nom de Hay dans sa forte concision elle signifie : Crains Dieu, aime ton prince, ton pays, ta famille et souviens-toi qu'il est de saintes haines.

La seconde est un résumé de l'histoire de la maison qui l'a choisie. Tantôt nous voyons combattre les Hay à la tête des armées bretonnes, tantôt nous le revoyons, revêtus de la robe d'hermines, présider aux actes les plus solennels de la vie politique de la province.

LE HÉDER DE KERSQUIFFIT ET DE KERLAYRET

D'or à trois chevrons d'azur.

DEVISE : *Hederæ adhœrent et sustinent* (Les lierres s'attachent et soutiennent).

Cette devise est équivoque au nom de Héder (Hederæ).

Elle fait allusion à l'attachement sans borne que la noblesse française voua à la monarchie et au ferme appui qu'elle prêta au roi et au pays.

HÉLORY DE KERMARTIN ET DE KERGAREC

D'or à la croix engreslée de sable cantonnée de quatre allérions de même.

Devise : A tout dix, ou : A tout dire.

C'est à la maison d'Hélory qu'appartenait saint Yves, patron de Tréguier, surnommé l'avocat des pauvres, et canonisé en 1347. La devise ci-dessus a dû être choisie à cause du saint, mais il est probable qu'elle a été altérée par le temps. Saint Yves n'a pas dit : *A tout dire,* mais : *A bien dire.*

HÉMERY DE KERURIEN DE KERGADIOU

D'or à trois chouettes de sable, membrées et becquées de gueules.

Devise : Sans larcin.

Cette devise a pour corps les chouettes des armoiries. Loin de se nourrir de grains ou de fruits, et de piller nos vergers et nos champs, elles donnent au contraire la chasse aux petits animaux qui nous sont le plus nuisibles sous ce rapport.

HENNEQUIN

Champagne et Bretagne.

Vairé d'or et d'azur, au chef de gueules chargé d'un lion léopardé d'or.

Devise : *Coronabo* (Je couronnerai).

HENRY DU QUENGO ET DE BOHAL

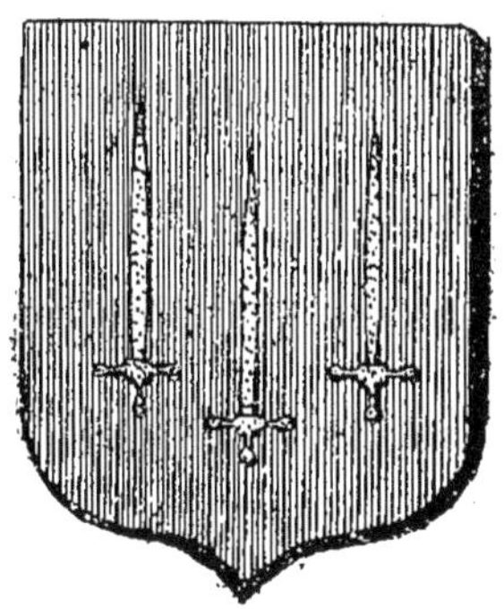

De gueules à trois épées d'argent en pal, les pointes en bas.

Devise : *Potius mori quam fœdari* (Plutôt mourir qu'être souillé).

Cette devise, qui était aussi celle de la maison ducale de Bretagne, fut donnée en 1543 à Louis-Henry du Quengo, par la duchesse Ysabeau, femme de François Ier, duc de Bretagne (Bessas de la Mégie)

HENRY DE KERPRAT ET AUTRES BRANCHES

Parti d'argent et de gueules à deux roses de l'un en l'autre.

Devise : Toujours en ris, jamais en pleurs.

Cette devise est équivoque au nom de Henry.

Nous doutons beaucoup que la famille qui l'a choisie ne l'ait jamais vue mentir, au moins momentanément. Conserver un maintien stoïque est beau, mais rire toujours est d'un fou.

HENRY DE TRÉVÉGAN

D'argent au sanglier de sable en furie, accompagné de trois étoiles aussi de sable.

Devise : Sans brésiller.

Cette devise a pour corps le sanglier en furie des armoiries. Lorsque cet animal est blessé il ne connaît plus de danger et s'élance sans brésiller sur son ennemi.

HERSART DE LA VILLEMARQUÉ ET DU BURON

D'or à la herse de sable.

Devise : *Evertit et æquat* (Il renverse et aplanit).

« Guillaume de Hainaut, comte d'Ostrenant, portait en l'an 1390, avec cette devise, la herse figurée d'or sur son étendard, lequel fut déployé en l'armée chrétienne contre les Sarrasins, devant la ville de Maroc en Afrique, en Barbarie. » (Cf. Paradin)

Cette devise, qui fait allusion au nom de Hersart, a pour corps la herse des armoiries. De même que cet instrument renverse la crête du sillon et aplanit la terre, ainsi le guerrier vaillant doit renverser ses ennemis et faciliter le passage à ses compagnons.

HERVÉ DU PENHOAT

D'argent à trois trèfles de sable.

Devise : Plus penser que dire.

Les trèfles de l'écusson pourraient bien être des pensées ; il y aurait alors une relation entre cette fleur et le mot penser. On trouve cette devise gravée sur le cul-de-lampe d'une tourelle, à l'angle de la rue Saint-Clair et de la rue Traversière à Moulins (Allier); au-dessous est sculpté un écusson contenant une pensée. Cette devise est commune à la ville de Bar-sur-Ornain, à Griboldi et à Bar-le-Duc.

LE HEUSAFF

Ecartelé aux 1 et 4 : d'or à la fasce de sable ; aux 2 et 3 : de gueules plein.

Devise : *Mare couez, en em saff* (S'il tombe, il se relève).

Cette devise est équivoque au nom de *Heusaff* par ses deux derniers mots. Il faut un grand courage pour ne jamais s'avouer vaincu, et pour recommencer la lutte malgré que l'ennemi ait eu les premiers avantages.

DU HINDREUF

D'argent à trois molettes de sable, une alouette de même en abyme.

Devise : *Hilaris mane tendit ad alta* (Joyeux le matin, il tend à s'élancer).

Cette devise a pour corps l'alouette de sable des armoiries. Les habitudes matinales de ce petit oiseau sont proverbiales, comme sa manière de s'envoler. Son nom lui-même signifie : *qui s'envole en chantant* ; du celtique *al*, qui s'élève, et *chwedl*, chant.

Heureux celui dont la pensée peut s'élever légère comme l'alouette.

HOUITTE DE LA CHESNAIS

D'hermines, au chef endenché d'azur, chargé de trois étoiles d'or.

Devise : Dieu et labeur.

DU HOUX DE KÉRIGOU

D'argent à six feuilles de houx de sinople.

Devise : Fou qui s'y frotte.

Cette devise, allusive au nom de Du Houx, a pour corps les feuilles de houx des armoiries. Il faut la rapprocher de la devise des Créquy : Nul ne s'y frotte. Toutes les deux, et celles analogues, avertissent de ne pas s'attaquer à une maison puissante, décidée à ne tolérer aucun passe-droit ni aucune insulte.

HUBERT DE CRÉVANT

D'azur à l'aigle éployée d'or, à la fasce de gueules brochant, chargée de trois roses d'or.

DEVISE : *A patre et avo* (Par mon père et mon aïeul).

HUCHET DE LA BÉDOYÈRE, DE CINTRÉ ET DE QUÉNÉTAIN

D'argent à trois huchets de sable, qui est Huchet ; *écartelé d'azur à six billettes percées d'argent, 3, 2, 1, qui est* La Bédoyère.

DEVISE : *Hostibus et feris* (Pour les ennemis et les bêtes féroces).

Cette devise a pour corps des huchets ou cors des armoiries. Le huchet faisait autrefois partie de l'équipement d'un chevalier, et la chasse à courre, où s'emploie cet instrument, était restée jusqu'à ces derniers temps un plaisir de gentilhomme.

HUON DE KERHOUAN ET DE KERMADEC

D'or à trois croisettes recroisetées d'azur, 2 et 1, accompagnées de trois annelets mal ordonnés de même.

DEVISE : *Atao da birviquen* (Toujours à jamais).

Cette devise a pour corps les croisettes et les annelets des armoiries. Les annelets symbolisent l'éternité : toujours, à jamais fidèle à la religion chrétienne, représentée par les croisettes, et à Dieu. *Kermadec* signifie *riche ville*, peut-être la devise est-elle aussi une allusion à la perpétuité de la puissance de la maison de Kermadec.

HUON DE PENHOAT ET HUON DE KÉRÉSEC

De gueules à cinq croisettes recroisetées d'argent, posées en croix.

Devise : *Endra bado birviquen* (Tant qu'elle durera, à jamais).

Cette devise a pour corps les croisettes posées en croix des armoiries. Elle signifie que les Huon sont décidés à ne jamais abandonner leur foi. C'est la même idée que précédemment, mais plus nettement formulée. *Kérésec* signifie *Cerisaie*, mais nous ne croyons pas que ce nom ait quelque rapport avec la devise ci-dessus.

DE L'ISLE

Bandé d'or et d'azur de six pièces, au canton dextre de gueules, chargé d'une fleur de lys d'argent.

Devise : **A chacun son rang.**

Cette devise est antérieure à 1445, car à cette époque cette famille de l'Isle s'est fondue dans La Haye. Portée de nos jours, elle semblerait un singulier archaïsme dans un siècle où les rangs se confondent de plus en plus.

DE JANZÉ

Coupé, au 1 : d'or au chevron de gueules, accompagné de deux hures de sanglier de sable en chef, et d'un lévrier passant de même en pointe ; au 2 : d'azur à trois bandes d'hermines.

Devise : *E peb hennt bealdet.*

JÉGOU DU LAZ

D'argent au huchet de sable accompagné de trois bannières d'azur, chargées chacune d'une croisette pommetée d'or.

Devise : *Nec spes me mea fefellit* (Mon espoir ne m'a pas trompé).

JOLY DE ROSGRAND DE KERGUÈVRE

D'azur à un lys au naturel d'argent, au chef d'or chargé d'une croix pattée de sable.

Devise : *Magnus amoris amor* (Grand amour de l'amour).

JOUAN DE KERVÉNOAEL

De gueules au lion d'or armé et lampassé d'argent, accompagné de trois annelets de même.

Devise : *En jouan* (Point de soucis).

Cette devise est équivoque au nom de Jouan. Nous pouvons la rapprocher de celle de Henry : Toujours en ris, jamais en pleurs. L'une n'est pas plus vraie que l'autre. Ces deux familles ne se sont pas donné la peine de chercher quelque chose de mieux. Elles avaient leurs noms sous la main et s'en sont servi.

JOURDAIN DE KERHAEL ET DU PARC

D'azur au croissant d'argent.

Devise : *Servire Deo regnare est* (Servir Dieu c'est régner).

Devise de Pierre, cardinal de Foix ; portée aussi par *Bongars* et *Kermorvan*.

JUCHAULT DE LA MORICIÈRE

D'azur à la fasce d'or, accompagné de trois coquilles d'argent.

Devise : *Spes mea Deus* (Mon espoir est en Dieu).

DU JUCH

D'azur au lion d'argent, armé et lampassé de gueules.

I. DEVISE : Bien sûr.

II. DEVISE : La non pareille.

Il est difficile d'indiquer la raison qui fit prendre ces devises à la maison du Juch. En mythologie, la deuxième Muse, Uranie, Muse de l'astronomie, est quelquefois nommée la non pareille ; d'un autre côté nous trouvons dans l'histoire de France que la cour plénière tenue par saint Louis à Saumur, en 1248, fut appelée la *Non pareille*. La maison de Juch existait dès cette époque ; il est donc possible de voir ici un souvenir.

KARUEL DE MÉREY

D'argent à trois merlettes de sable, à la bordure de gueules.

DEVISE : *Omnia nobis prospera* (Tout nous est prospère).

Portée aussi par Clarke, duc de Feltre.

DE KERAER

De gueules à la croix d'hermines, ancrée et gringolée d'or.

DEVISE : Pour la loyaulté maintenir.

La famille de Keraër s'est fondue au quatorzième siècle dans Malestroit ; sa devise est donc antérieure à cette époque. Ce n'est pas la croix des armoiries qui en est le corps, comme on pourrait le supposer, mais bien une épée nue servant de hampe à une banderole et portée en cimier. Sur la banderole est écrite l'âme de la devise : Pour loyaulté maintenir.

DE KERAERET

Burelé d'argent et de gueules à deux guivres affrontées d'azur en pal, entrelacées dans les burelles.

DEVISE : *Pa elli* (Quand tu pourras).

Keraëret signifie « *village des couleuvres* ».

La guivre est le symbole de la prudence et de la finesse, celles qui figurent dans les armoiries de Keraëret sont le corps de sa devise : elles lui donnent le conseil de mûrir ses desseins avant de les exécuter et de ne rien faire qu'après s'en être assuré les moyens.

DE KERALIO

D'or au léopard de sable.

DEVISE : *Virtus sibi soli sufficit* (Le courage se suffit à lui-même).

Cette devise a pour corps le léopard des armoiries. Les lions et les léopards symbolisent le courage.

DE KERAMANAC'H ET DU POULPRY

D'or au cormoran de sable.

DEVISE : *Littora prœdatur* (Il pille les rivages).

Cette devise a pour corps le cormoran des armoiries. Il est possible qu'elle fasse allusion au droit de bris. Elle peut être aussi la devise d'un corsaire.

DE KERANFLEC'H DE ROSNÉVEN, DE ROSQUELVEN, DE TREUZVERN

D'argent au croissant surmonté d'une rose et accompagné de trois coquilles, le tout de gueules.

DEVISE : *Potius mori quam fœdari* (Plutôt mourir que de se souiller).

Cette devise, qui est aussi celle de la maison ducale de Bretagne, est commune à : Henry de Bohal ; de Carheil ; le duc de Rohan-Chabot ; le comte de Baschi du Cayla, pair de France ; du Bouchet ; Bertrand de Beaumont ; de Bouvron ; de Blottefière de Villancourt ; Henri du Quengo ; Henri de Kergoët ; Henri de la Voue ; de la Palud ; Picaud de Quéhéon ; de Rohan ; de Rohan-Guémenée-Rochefort.

DE KERANGUEN DU FRANSIC, DE KERRASDOUÉ ET AUTRES BRANCHES

D'argent à trois tourteaux de gueules.

DEVISE : *Laca évez* (Prends garde).

DE KERANRAIZ DE LA RIGAUDIÈRE ET DE RUNFAO

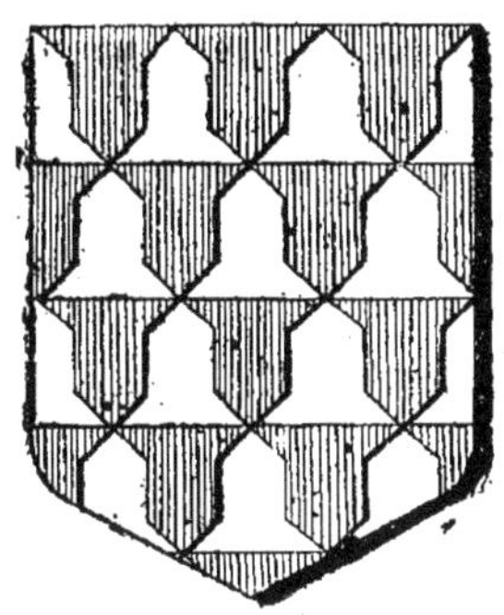

Vairé d'argent et de gueules.

DEVISE : *Raiz pébar* (Ras ou comble).

Cette devise est équivoque au nom de Keranraiz. Elle fait allusion à la richesse de cette maison, dont le nom signifie village de la Masure.

DE KERATRY

D'azur au greslier d'argent surmonté d'une lame de même.

DEVISE : Gens de bien passent partout.

DE KERAUTRET

Deux chevrons cantonnés de trois quintefeuilles.

DEVISE : *Martézé* (Peut-être).

Cette devise est portée aussi par Traouélern.

DE KERÉNEC

D'azur au lion vairé d'argent et de gueules.

DEVISE : Dieu m'aime.

DE KERENGARZ

D'azur au croissant d'argent.

DEVISE : Tout en croissant.

Cette devise a pour corps le croissant des armoiries. On dit plus souvent : Petit à petit.

DE KERÉRAULT DU BOIS SAUVEUR ET DE TRÉMÉDERN

D'azur fretté d'argent, une fleur de lys de même sur l'azur en chef.

DEVISE : *Mervel da véva* (Mourir pour vivre).

Toutes les récompenses militaires ont été et sont encore le prix du sang. Qu'elles aient été honorifiques ou pécuniaires, elles ont été obtenues sur le champ de bataille et il a fallu braver la mort pour les acquérir et quelquefois l'y trouver pour ennoblir et ou enrichir sa race. C'est donc là une devise de soldat.

DE KERGARIOU

D'argent fretté de gueules, au canton de pourpre chargé d'une tour d'argent maçonnée de sable.

DEVISE : Là ou ailleurs, Kergariou.

CRI : Au bon chrestien.

Le cri : Au bon chrestien, rappelle celui de Montmorency : Dieu ayde au premier baron chrestien. C'est le même secours demandé à Dieu, mais sans orgueil.

DE KERGOET

D'argent à cinq fusées rangées et accolées de gueules, accompagnées en chef de quatre roses de même.

Devise : *En christen mad,me bere en Doué* (En bon chrétien, je vis en Dieu).

Cette devise est celle de Henri et Vincent de Kergoët, abbés de Langonnet, de 1477 à 1514.

DE KERGOET

D'azur au léopard d'or, chargé sur l'épaule d'un croissant de gueules.

Devise : Si Dieu plaist.

Si Dieu plaist signifie *s'il plait à Dieu* en langage moderne. Cette soumission chrétienne à la volonté de Dieu n'est-elle pas admirable dans sa simplicité ?

DE KERGORLAY

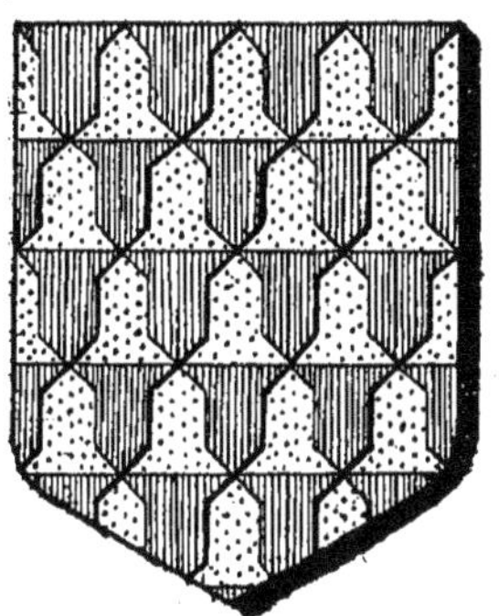

Vairé d'or et de gueules.

Cri : *Kergorlay.*

I. Devise : Ayde-toi, Kergorlay, et Dieu t'aidera.

II. Devise : *Honor et patria* (Honneur et patrie).

Rapprochons de la première devise celle de Sauvaget : *Dieu ayde qui s'ayde*. Toutes deux sont tirées du proverbe populaire « Aide-toi, le ciel t'aidera »

La seconde est portée aussi par Clarke, pair de France.

DE KERGOURNADEC'H

Echiqueté d'or et de gueules.

I. Devise : *En Diex est* (En Dieu est).

II. Devise : Chevalerie de Kergournadec'h.

Suivant une antique tradition rapportée par Albert le Grand, cette ancienne maison aurait pour auteur un célèbre guerrier de Cléder, nommé Nuz, qui combattit au VIe siècle un dragon qui répandait la terreur et l'effroi dans tout le pays de Léon. Guitur, comte du pays, pour reconnaître un si beau fait d'armes, donna en récompense au jeune Nuz la terre qui, en mémoire de son exploit, fut appelée Ker-gour-na-dec'h « La maison de l'homme qui ne fuit pas. » (Bessas de la Mégie).

DE KERGOS

D'argent à la fasce d'azur surmontée d'une merlette de même.

Devise : Aime qui t'aime, ou M qui t'M.

Cette devise en rébus rappelle une de celles de Beaumanoir : J'M qui m'M.

DE KERGROADEZ

Fascé de six pièces d'argent et de sable.

DEVISE : En bonne heure.

DE KERGUÉLEN DU MENDY

D'argent à trois fasces de gueules surmontées de quatre mouchetures de sable.

ALIAS : *Ecartelé aux 1 et 4 : d'or au houx arraché de sinople ; aux 2 et 3 : échiqueté d'argent et de gueules.*

DEVISE : Vert en tout temps.

Cette devise a pour corps les feuilles de houx des armoiries. Le houx ne perd pas ses feuilles l'hiver et elles restent vertes malgré la rigueur de la saison.

DE KERGUEN OU KERGUER-MENDU

De sable à trois aigrettes huppées d'argent, brisé d'une étoile de même en chef.

DEVISE : *Utinàm* (Plaise à Dieu).

Portée aussi par Gros, Bois du Tertre et la ville de Besançon.

DE KERGUIZIAU

D'azur à trois têtes d'aigle arrachées d'or.

DEVISE : *Spes in Deo* (Espoir en Dieu).

C'est la devise de Jean de Kerguiziau, abbé de Daoulas en 1581. Elle a été aussi portée par Mouttinho de Lima.

DE KERGUZ

D'argent au greslier d'azur enguiché et lié de gueules.

Devise : *Voluntas Dei* (Volonté de Dieu).

DE KERHOENT

Armes antiques : *Losangé d'argent et de sable.* Modernes : *Ecartelé de Kergournadec'h et de Kerriec-Coëtenfao, sur le tout : de Kerhoënt.*

Devise : Sur mon honneur.

DE KERHOENT OU QUERHOENT DE KERLAN

Losangé d'argent et de sable.

Devise : Dieu soit loué.

DE KERJAR

D'or à l'arbre de sinople.

Devise : *Red eo mervel* (Il faut mourir).

Cette devise a pour corps l'arbre de sinople (vert) des armoiries « Frère, il faut mourir », dit le chartreux, en passant à côté d'un de ses frères. Cette loi fatale à laquelle personne ne peut échapper ne peut être mieux symbolisée que par un arbre vigoureux. Il a beau être robuste et vivre cent, deux cents, même cinq cents ans, il faut qu'un jour il périsse. Qu'est la durée de notre pauvre vie humaine à côté de celle des grands végétaux?

DE KERLEC'H

ARMES ANTIQUES: *D'azur à dix sonnettes d'argent : 4, 3, 2, 1.* — MODERNE : *du Chastel.*

DEVISE : *Marcar Doué* (S'il plaît à Dieu).

Cette devise qui est aussi celle de du Chastel fut prise par les Kerlec'h, à l'occasion du mariage de Sybille avec Bernard, juveigneur de la maison du Chastel.

DE KERLIVER

D'azur au sautoir engreslé d'or, accompagné de quatre lionceaux de même.

DEVISE : Meilleur que beau.

DE KERLIVIRY

Ecartelé, aux 1 et 4 : d'or au lion d'azur brisé, en l'épaule d'une tour portée sur une roue d'argent ; aux 2 et 3 : d'azur à la fasce d'hermines, accompagnée de trois feuilles de laurier d'or.

DEVISE : *Ioul Doué* (La volonté de Dieu).

Cette devise portée aussi par Le Gonidec a pour corps la tour posée sur une roue des cantons 1 et 4 de l'écu ; la tour, emblème de la puissance, tourne avec la roue de la fortune à la volonté de Dieu.

DE KERLOAGUEN

D'argent à l'aigle éployée de sable, membrée et becquée de gueules.

DEVISE : Sans effroy.

Cette devise a pour corps l'aigle des armoiries ; il est possible qu'elle rappelle l'acte de courage de Guillaume, prévôt des maréchaux de l'hôtel du duc François II en 1480. Ce gentilhomme refusa à Landais, tout puissant à cette époque, de faire périr le chancelier Chauvin.

DE KERLOUET OU KERANLOUET

D'argent au greslier de sable accompagné de trois merlettes de même.

CRI : *Araog, araog !* (En avant, en avant !)

Cette devise est allusive aux armoiries. Le greslier ou cor est considéré ici comme une trompette guerrière servant à animer les combattants et à sonner la charge.

DE KERMAVAN, KERMAN OU CARMAN

D'or au lion d'azur, écartelé aux 1 et 4 : d'azur à la tour d'argent portée sur une roue de même, qui est Lesquelen ; *aux 2 et 3 :* de Carman.

I. DEVISE : *Doué araog* (Dieu avant).

II. DEVISE : Richesse de Carman.

Ces deux devises sont antérieures à 1600, car François, dernier du nom, mourut à cette époque. La famille de Kermavan pouvait se flatter de sa richesse, puisqu'elle devait deux chevaliers à l'ost du duc en 1294.

La devise : *Doué araog*, rappelle un trait d'héroïsme religieux. Le seigneur de Kermavan était dans la chapelle de son château lorsqu'un violent incendie se déclara, et les flammes furent en un instant sur le point d'envahir le sanctuaire. Valétudinaire et presque paralytique, il ne peut fuir devant le feu, il appelle au secours ; mais lorsque ses domestiques se précipitent pour l'emporter, il se souvient de l'hostie consacrée restée dans le tabernacle et s'écrie en repoussant ses sauveurs et en leur montrant l'autel : *Doué araog* (*Dieu avant*).

DE KERMEIDIC

Fascé de six pièces d'argent et d'azur au chevron d'argent brochant.

DEVISE : Tout vient de Dieu.

Cette devise est commune à Melizet et Nadan du Treil.

DE KERMEL

De gueules à la fasce d'argent accompagnée de deux léopards d'or.

DEVISE : *Audacibus audax* (Audacieux contre les audacieux)

Cette devise a pour corps les léopards des armoiries. Portée aussi par l'enfant de la Toudourie.

DE KERMELLEC

D'or à la fasce de gueules accompagnée de trois molettes de même.

DEVISE : *Bella minatur* (Il menace de guerres).

Cette devise a pour corps la fasce et les trois molettes de gueules des armoiries. Le gueule est l'emblème du sang et les molettes sont un insigne chevaleresque.

DE KERMENGUY.

Losangé d'argent et de sable, à la fasce de gueules chargée d'un croissant d'argent.

DEVISE : Tout pour le mieux.

DE KERMÉNO.

De gueules à trois macles d'argent.

DEVISE : *Qualitate et quantitate.*(Par la qualité et la quantité).

DE KERMORIAL.

D'azur au greslier d'argent, accompagné de trois fleurs de lys de même.

DEVISE : *Sot ouc'h sot.* (Sot contre sot).

DE KERMAVAN.

D'argent à la croix ancrée et alésée d'azur.

DEVISE : Servir Dieu est régner.

Cette devise a pour corps la croix des armoiries. Servir Dieu, c'est d'abord régner sur soi-même et sur ses passions, c'est régner aussi sur les autres par l'ascendant que donne une vie vertueuse et digne.

DE KERMOYSAN.

De gueules à sept coquilles d'argent, 3. 3. 1.

DEVISE : Plutôt mourir que faillir.

DE KERNAFFLEN DE KERGOS.

D'azur à la croix d'argent, chargée de cinq fleurs de lys de gueules, cantonnée aux 1 et 4 : d'un croissant ; aux 2 et 3 : d'une étoile, le tout d'or.

DEVISE : En bonne heure.

Portée aussi par Kergroadez.

DE KERNAZRET OU CARNARET.

D'argent à trois fasces de gueules, deux guivres d'azur affrontées et entrelacées dans les fasces.

DEVISE : *Per dura, per aspera serpit.* (Ils se glissent parmi les rochers et les difficultés).

Cette devise a pour corps les guivres des armoiries. Les guivres sont des serpents, et comme cet animal l'homme de guerre doit savoir tourner les difficultés et les surmonter.

DE KEROUARTZ.

D'argent à la roue de sable accompagnée de trois croisettes de même.

DEVISE : Tout en l'honneur de Dieu. *Aliàs* : Quand il plaira à Dieu.

Cette dernière devise nous paraît s'accorder mieux avec les armoiries ; car la roue de la fortune est le symbole des incertitudes humaines.

DE KEROULAS.

Fascé de six pièces d'argent et d'azur.

Devise : En Dieu mon cœur.

DE KEROUZÉRÉ.

De pourpre au lion d'argent.

I. Devise : *List, list.* (Laissez, laissez.)

II. Laisse faire.

Cette devise a pour corps le lion des armoiries. Le lion ou l'homme qui possède son courage et sa force n'a pas besoin de secours et veut seul venir à bout de son ennemi.

DE KEROUZRY DE LESGUIEL.

D'or au lion morné de sable.

Devise : Pour le mieux.

Cette devise a pour corps le lion des armoiries. Il est morné, c'est-à-dire privé de ses défenses naturelles, ongles et griffes. Il fera cependant pour le mieux.

DE KERPOISSON.

D'or au lion de gueules, la queue passée entre les jambes et remontant.

I. Devise : Force et courage de lion.

II. Devise : Plus discret que poisson.

A ses ducs fut toujours Kerpoisson.

La première de ces devises a pour corps le lion des armoiries.

La seconde, équivoque au nom de Kerpoisson, se passe de commentaires : le mutisme des poissons les a toujours fait prendre pour symbole de la discrétion.

DE KERRET.

Écartelé aux 1 et 4 : d'or au lion morné de sable, à la cotice de gueules, brochant. Aux 2 et 3 : d'argent à deux pigeons affrontés d'azur, s'entrebecquetant, membrés et becqués de gueules.

Devise : *Trével hag ober.* (Se taire et agir).

DE KERRIEC.

D'azur à la fleur de lys d'or, cotoyée en pointe de deux macles de même.

Devise : *Pa garo Doué* (Quant il plaira à Dieu).

Portée aussi par Trévon.

DE KERROZ.

D'argent à la fasce d'azur, accompagnée de trois coquilles de même.

Devise : *Graz ha speret.* (Grâce et esprit).

DE KERSALIOU.

Fascé d'argent et de gueules de six pièces, au lion de sable, armé, lampassé et couronné d'or, brochant sur le tout.

Devise : Tout pour Dieu.

Portée aussi par de Sales.

DE KERSAUZON OU KERSAUSON.

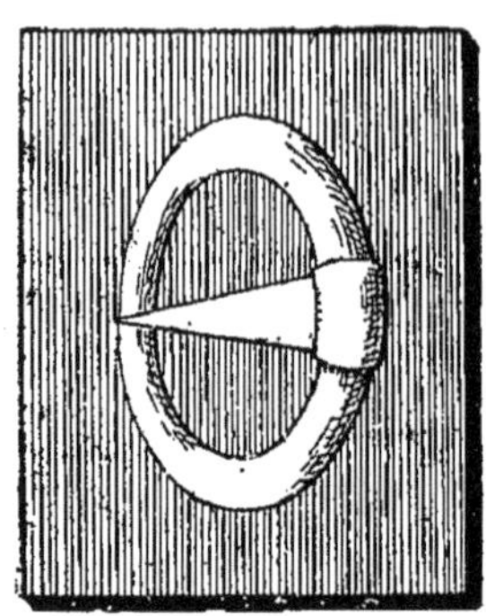

De gueules au fermail d'argent.

DEVISE : *Préd éo préd éo.* (Prêt, toujours prêt).

Cette devise a pour corps le fermail, seul meuble de l'écu des Kersauzon, signe distinctif de leur race dès avant la première croisade. Le fermail est quelquefois un verrouil, mais ici, c'est la boucle du ceinturon, que l'homme de guerre doit être prêt, toujours prêt à ceindre.

DE KERYVON DU COSQUER.

Echiqueté d'or et de gueules, une étoile d'or en abyme.

DEVISE : *Sequar quocumque licebit.* (Je te suivrai partout où tu voudras).

Cette devise a pour corps l'étoile des armoiries. Ainsi les rois mages suivirent l'étoile qui leur servait de guide.

DE LAMOTTE BARACÉ.

Anjou. — Bretagne.

D'argent au lion de sable, cantonné de quatre merlettes de même qui est de Fougerolles *; chargé en cœur d'un écusson d'argent à la fasce de gueules fleurdelisée de six pièces, qui est de* Lamotte.

DEVISE : *Lenitatis fortitudo comes.* (La douceur est la compagne du courage.)

Cette devise a pour corps le lion des armoiries. Elle exprime une idée belle et vraie. A peu d'exceptions près, les hommes véritablement forts et courageux sont difficiles à irriter et abusent rarement de leur force.

LAMOUREUX.

Gironné d'argent et de gueules de dix pièces.

I. DEVISE : *Christus amor meus.* (Le Christ est mon amour).

II. DEVISE : *Magnificat anima mea Dominum.* (Mon âme loue le Seigneur).

LE LAGADEC DE KERNABAT.

D'hermines à la quintefeuille de gueules.

DEVISE : Plutôt mourir que pâlir.

Cette devise a pour corps, la quintefeuille de gueules des armoiries. Le mot pâlir signifie ici avoir peur, trembler. La rose garde ses couleurs même lorsqu'elle a été séparée de sa tige.

DE LA LANDE.

Poitou. — Bretagne.

De sinople au pélican d'argent en sa piété au chef d'argent.

DEVISE : Jusqu'à mourir pour ceux que j'aime.

Cette devise a pour corps le pélican des armoiries. D'après une tradition que l'histoire naturelle ne confirme pas, le pélican poussait l'amour paternel jusqu'à s'ouvrir le flanc pour abreuver ses petits de son sang.

DES LANDES

D'argent à la croix alésée de sable.

DEVISE : *Dei gratia sum id quod sum.* (Par la grâce de Dieu je suis ce que je suis). .

Cette devise est celle de Noël des Landes, prédicateur du roi et évêque de Tréguier en 1635. Elle est tirée de la première épître aux Corinthiens. Saint Paul rappelle que Jésus-Christ lui est apparu, à lui le dernier des apôtres, et il ajoute : « C'est par la grâce de Dieu que je suis ce que je suis. »

DE LANGUÉOUEZ.

Fascé, ondé d'or et d'azur, au chef de gueules.

Devise : *Vim patitur qui vincere discit.* (Il souffre la violence, celui qui apprend à vaincre).

DE LANJUINAIS.

Ecartelé aux 1 et 4 : d'azur au lion d'or, tenant de sa patte dextre un frein d'argent et de la sénestre une balance de même ; au 2 : à la croix potencée de sinople ; au 3 : d'argent à trois mains de carnation posées 2. 1.

Devise : Dieu et ses lois.

Presque toutes les pièces des armoiries de la maison de Lanjuinais sont des attributs de la justice. Le lion tient d'une patte un frein et de l'autre une balance. Les mains sont des mains de justice et la croix est le dernier espoir des condamnés. La devise fut adoptée. Elle fut adoptée par Jean Lanjuinais, député de la sénéchaussée de Rennes à l'Assemblée nationale en 1790, comte de l'Empire et pair de France en 1814.

LANNION.

D'azur à l'agneau couché d'argent, tenant de l'un de ses pieds de devant une croix de triomphe d'or, sur la croisée de laquelle il y a un guidon de gueules.

Devise : *Laus Deo.* (Louange à Dieu).

DE LANNION.

D'argent à trois merlettes de sable au chef de gueules, chargé de trois quintefeuilles d'argent.

Devise : *Prementem jungo.* (Je pique mon aiguillonneur).

DE LANRIVINEN.

D'or au pin arraché de sinople, accompagné en pointe d'une abeille de gueules.

Devise : Espoir me conforte.

DE LANTIVY DE TRÉDION.

De gueules à l'épée d'argent en pal, la pointe en bas.

Devise : Qui désire n'a repos.

DE LANNUZOUARN DE PONTÉON.

D'argent à l'écu d'azur en abyme accompagné de six annelets de gueules en orle.

Devise : Endurer pour durer.

LARCHER OU L'ARCHER.

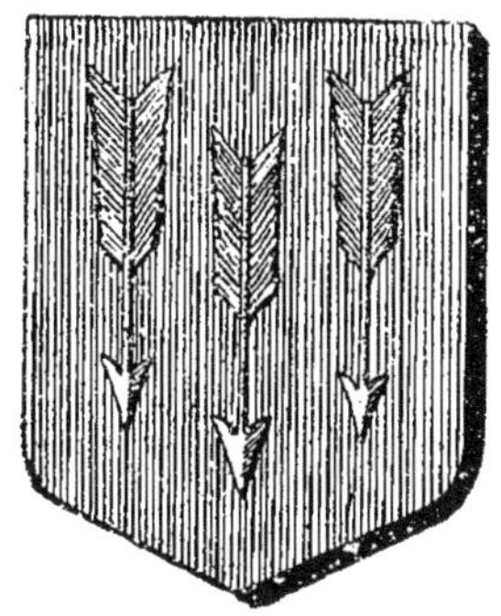

De gueules à trois flèches tombantes d'argent.

Devise : Le coup n'en faut.

Cette devise, allusive au nom de Larcher, a pour corps les trois flèches des armoiries.

DE LAUNAY DE COETMENEC'H.

D'argent au lion d'azur, armé et lampassé de gueules, couronné d'or.

Devise : Soit, soit.

DE LAUNAY DE LA MOTHAYE ET DES LANDES.

D'or à un aulne arraché de sinople, accosté de deux aiglons affrontés de sable, membrés et becqués de gueules.

I. Devise : *Pour Dieu et l'honneur.* — *Aliàs* : Tout pour Dieu et l'honneur.

II. Devise : *A lumine pulsis.* (C'est la lumière qui nous fait croire).

DE LA LAURENCIE DE CHANAS.

D'azur à l'aigle à deux têtes au vol abaissé d'argent.

Devise : Vis où tu peux, meurs où tu dois. — *Aliàs :* Va où tu peux, meurs où tu dois.

Cette devise a pour corps l'aigle des armoiries, qui personnifie le gentilhomme auquel est donné ce sublime conseil.

LAURENCIN.

Franche-Comté, Lyonnais et Bretagne.

D'azur au chevron d'or, accompagné de trois étoiles de même.

I. Devise : *Lucet in tenebris.* (Il brille dans les ténèbres).

II. Devise : *Lux in tenebris et post tenebras spero lucem.* (La lumière est dans les ténèbres et après les ténèbres j'espère la lumière).

Ces deux devises ont pour corps les étoiles d'or des armoiries, mais la seconde a un caractère tout spécial. C'est une devise calviniste. Selon Luther et Calvin, l'Eglise ne possédait pas la véritable lumière, eux seuls l'avaient reçue et pouvaient en faire jouir le monde, à qui il était enfin permis d'espérer la lumière après les ténèbres. A Vitré, une des places fortes du calvinisme en Bretagne, on la trouve gravée autour de la lanterne du clocher de l'église (*Bretagne artistique*, I. 88). Du reste elle a toujours été juive ou protestante. Nous trouvons cette phrase dans Michelet (*Origine du droit français*, p. 225) : « On a trouvé, en creusant des fondations à Lyon, une plaque de cuivre de six pouces de diamètre, représentant la figure d'un empereur (Louis le Débonnaire) (?), tout autour deux ou trois lignes en caractères hébraïques ; sur le revers cette légende : *Post tenebras spero lucem — Felicitatis judex dies ultimus.* C'était la devise des juifs de Lyon et de Genève, comme celle des Vaudois ou Pauvres de Lyon. » La première de ces devises est portée aussi par Maisfret.

DE LAUZANNE.

D'azur au croissant d'argent, accompagné de deux étoiles d'or, une en chef et l'autre en pointe.

Devise : *Candor exsuperat aurum.* (La blancheur surpasse l'or).

Cette devise a pour corps le croissant d'argent et les étoiles d'or des armoiries, par opposition de l'un aux autres. On sait que le croissant était dans l'antiquité l'emblème de Diane, la chaste déesse. La devise de Lauzanne veut donc aussi dire que la candeur est d'un prix plus grand que l'or. « Bonne renommée vaut mieux que ceinture dorée », dit la sagesse des nations.

LAW DE LAURISTON.

D'hermines à la bande accompagnée de deux coqs, le tout de gueules, à la bordure engreslée de même.

Devise : *Nec obscura, nec ima.* (Des choses ni obscures ni basses).

Cette devise a pour corps les coqs des armoiries. Le coq est en blason le symbole de la fierté et de la gloire. Elle fut adoptée par le marquis de Lauriston, pair de France en 1821. On la lit sur une médaille frappée en 1822. Le financier Law portait : *Lawand equity* (Loi et équité).

LEGGE DE LA MOTHE.

Mi-parti d'azur et d'argent, au chevron de l'un en l'autre, accompagné de trois lions mantelés de même.

Devise : Mal se repose qui n'a contentement.

On peut rapprocher cette devise de celle de Santiny : Qui désire n'a repos.

LE BOURG.

Normandie. — Bretagne.

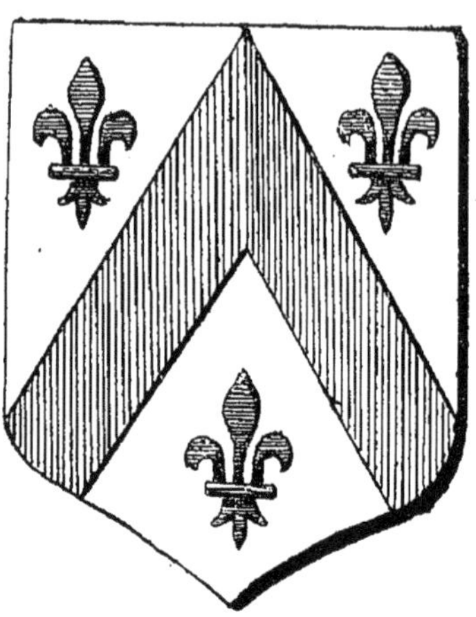

Ecartelé au 1 et 4 : d'argent au chevron de gueules cantonné de trois fleurs de lys d'azur, qui est Le Bourg ; au 2 et 3 : d'or au croissant d'azur au chef de gueules chargé d'un pélican d'argent en sa piété, qui est Chamblay[1] ; aliàs : d'argent au chevron de gueules cantonné de trois fleurs de lys d'azur.

Devise : *In labore fortitudo.* (Le travail donne la force.)

DE LESCOAT, LESCOET OU LESCOUET.

De sable à la fasce d'argent, chargée de trois quintefeuilles de sable.

Devise : *Magnit mad.* (Nourrissez bien).

DE LESQUIFFIOU.

D'argent à trois souches déracinées de sable.

Devise : *Quémer ar c'hoat, ha les ar c'hiffiou.* (Prends les bois et laisse les souches).

---

[1] Famille de Champagne, fondue dans Le Bourg en 1827.

Cette devise dont les derniers mots sont équivoques au nom de *Lesquiffiou,* qui signifie Cour des Souches, a pour corps les trois souches des armoiries. Elle est antérieure à 1541, car à cette époque la famille Lesquiffiou était fondue dans Le Borgne.

DE LEZORMEL

Bandé de six pièces d'argent et d'azur.

DEVISE : Le content est riche. — On a dit aussi : contentement passe richesse.

Portée aussi par Lugnys.

LIBAULT DE LA CHEVASNERIE.

D'argent a six fleurs de lys de gueules, 3. 2. 1, au chef de même, chargé de trois fers de piques d'argent, les pointes en haut.

DEVISE : *Pro Deo, rege et patria.* (Pour Dieu, le roi et la patrie).

Cette devise a pour corps les trois fers de piques des armoiries[1].

[1] L'un est consacré à la défense de Dieu, l'autre à la défense du roi, et le troisième à celle de la patrie.

LE LIMONNIER DE LA ROUELLE.

D'azur au lion de gueules, à la bande d'azur chargée de trois croisettes d'or, brochant.

Devise : *Fortes creantur fortibus.* (Les forts sont créés par les forts).

Cette devise a pour corps le lion des armoiries. De même que du lion ne naissent que des lionceaux, ainsi d'une famille de braves il ne doit sortir que des braves. Bon sang ne peut mentir.

DE LISLE OU DE L'ISLE, DU FIEF, DU DRENEUC, DE LA NICOLLIÈRE.

Armes : *De gueules à dix billettes d'or, 4. 3, 2 et 1.*

Devise : *Hoc se tegunt aggere cives.* — Ce rempart est leur sauvegarde.

Cette devise est celle de Guillaume de Lisle, maire et député de Nantes en 1687 ; elle est gravée autour des jetons de mairie frappés en son nom et à ses armes à cette même date.

LOBINEAU.

De gueules au chevron d'or, accompagné de trois molettes de même.

Devise : *Stimulo dedit æmula virtus.* (La vertu stimule d'un aiguillon puissant).

Cette devise a pour corps le chevron et les molettes d'éperon des armoiries. En blason, le chevron symbolise l'éperon du chevalier.

LUKER D'ORBEK.

De sinople à trois chevaux passants d'argent bridés d'or 2. 1, un croissant d'or en chef.

Devise : *In prælia promptus.* (Prompt dans les combats.)

Cette devise a pour corps les trois chevaux des armoiries. De même que le cheval, son compagnon dans les combats, le chevalier doit y apporter toute l'ardeur dont il est capable. Elle fut adoptée par Luker d'Orbek, maréchal de camp en 1791.

DE LYS DE BEAUCE.

De gueules à la fasce d'argent, chargée de quatre hermines de sable et surmontée de deux fleurs de lys d'argent.

DEVISE : *Tellus recepit astris.* (La terre l'a reçu pour le ciel).

Cette devise a pour corps les fleurs de lys des armoiries, emblème de l'innocence.

MACÉ DE LA GUINAUDIÈRE.

De gueules à trois rencontres de cerf d'or au chef cousu d'azur, chargé d'une croix engreslée d'argent.

DEVISE : *Inter aspera mitis.* (Doux au milieu des choses dures.)

Cette devise a pour corps la croix dont est chargé le chef de l'écu. — Signe de paix et de douceur ; elle se trouve, sinon au milieu, au moins auprès de durs bois de cerfs. Rappelons en passant la devise de Cornulier : *Firmus ut cornu.* (Dur ou raide comme corne.)

MACNÉMARA.

D'azur au lion d'argent, surmonté d'un croissant de même accosté de deux fers de lance d'or.

DEVISE : *Firmitas in cœlo.* (Fermeté dans le ciel.)

Cette devise a pour corps le lion, signe de fermeté, posé sous un croissant signifiant ici le ciel Elle paraît avoir été adoptée par Macnémara, lieutenant général des armées navales en 1756. Elle convient du reste à un marin, qui ne doit souhaiter rien de plus que la stabilité du ciel.

LE MACZON ou MASSON DES LOGES.

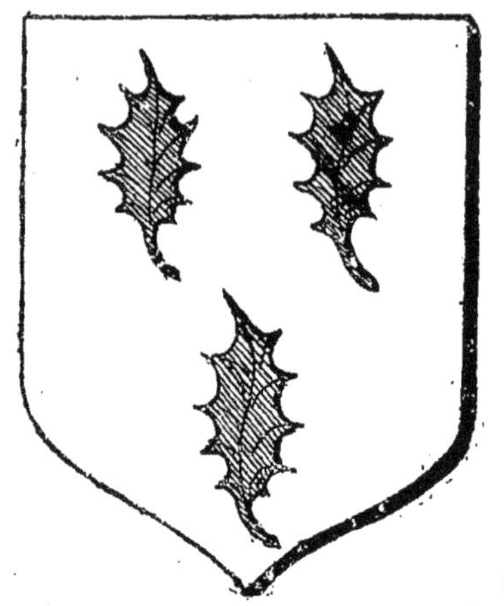

D'argent à trois feuilles de houx de sinople.

DEVISE : *Fiat voluntas.* (Que la volonté de Dieu se fasse.)

MADEC.

D'azur à l'épée flamboyante d'argent en fasce ; la garde et la poignée d'or, accompagnée en chef d'une étoile d'argent et en pointe d'un croissant d'or.

DEVISE : *Nullis perterrita monstris.* (Il n'est effrayé par aucun monstre.)

Cette devise a pour corps l'épée flamboyante des armoiries.

Il est possible que l'étoile et le croissant soient ici pour représenter les monstres ou prodiges. On sait quelle était la peur des anciens de tout ce qui était comète ou éclipse. Cette devise fut concédée à Nabad Madec, gouverneur du Mogol, puis colonel d'infanterie et chevalier de Saint-Louis, à l'occasion de son annoblissement (1780.) *Neque terrent monstras.* (Les monstres eux-mêmes, ne m'effraient pas, a dit une autre famille bretonne).

MAGON D'APPIGNÉ DE LA GERVAISAIS.

*D'azur au chevron d'or accompagné en chef de deux étoiles
de même, et en pointe d'un lion aussi d'or, couronné d'argent.*

Devise : *Tutus Mago*. (En sûreté Magon.)

Cette devise, équivoque au nom de Magon, a pour corps le lion
couronné des armoiries, et gardien de la famille.

MAILLARD DE LA SOUCHAIS DE LA GOURNERIE

*D'azur au sautoir alésé d'or, cantonné en chef et en flancs
de trois maillets de même, et en pointe d'un lion d'argent,
lampassé de gueules.*

Devise : Pour assembler le sautoir, il faut maillets et
chevilles.

Cette devise, équivoque au nom de Maillard, a pour corps le sautoir et le maillet des armoiries.

DE MAILLÉ

D'or à trois fasces ondées et nébulées de gueules.

    I. Devise : *Stetit unda fluens*. (L'onde coulante s'arrêtera.)

    II. Devise : Tant que le monde sera monde, à Maillé il y
                aura des ondes.

    III. Devise : Dieu devant le comte de Carman.

La première et la deuxième devise ont pour corps les fasces ondées des armoiries. La fasce, qui signifie ordinairement la ceinture
du chevalier, est aussi quelquefois l'emblème d'un fleuve. La troisième devise signifie que les comtes de Carman ne reconnaissaient
au dessus d'eux que Dieu, et répudiaient toute autre suzeraineté.
Devant est mis ici pour avant.

LE MAISTRE DE CINCEHOUR

D'azur à trois soucis d'or feuillés de même.

    I. Devise : Fors l'honneur nul souci.

    II. Devise : Au maistre les soucis.

Des documents antérieurs au VII° siècle, dit M. Bessas de la Mégie à qui nous laissons toute la responsabilité de cette affirmation, portent le même écusson avec la devise : *Angor et ango*. Je suis angoisse et j'engoisse. Cette devise, comme les deux précédentes, a pour corps les soucis des armoiries. La seconde est équivoque au nom de Le Maître et fait allusion à l'ancien proverbe : Au valet les peines, au maistre les soucis.

DE MALESTROIT

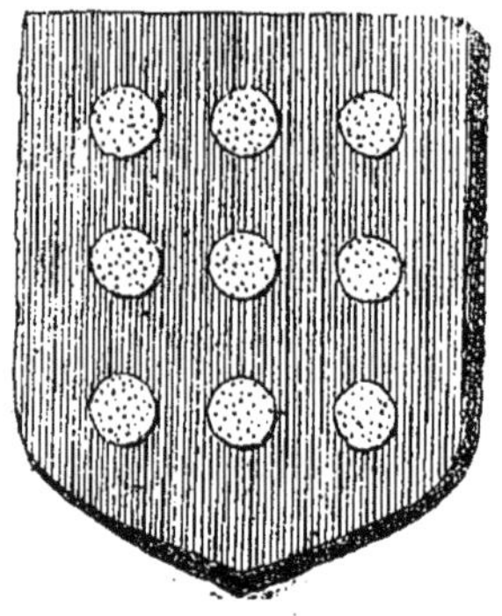

De gueules à neuf besans d'or 3.3.3.

DEVISE : *Quæ numerat nummos, non malestricta domus.* (Une maison qui compte de l'argent n'est pas mal administrée).

Cette devise est équivoque au nom de Malestroit, par le mot latin *Malestricta*. Elle a pour corps les besants (monnaie sarrasine) des armoiries. Malgré son apparence bourgeoise, elle est d'origne essentiellement noble, et vient aux Malestroit de la possession du fief de Pontcallec et d'une coutume existant pour cette châtellenie. En effet, s'écartant un peu des lois sur l'hérédité des fiefs, dont l'assise du comte Geoffroi avait posé les bases, les Pontcallec pouvaient partager leurs cadets en argent.

DE MANOURY

D'argent à trois moucphetures d'hermines de sable

DEVISE : *Regi fidelis.* (Fidèle au roi.)

LE MARANT DE PÉNANVERN

D'azur à la tête d'aigle arrachée d'argent, accompagnée de trois molettes de même, au franc canton parti de Bretagne et de Rohan.

Devise : *Bonâ voluntate.* (Avec bonne volonté). *Pax hominibus bonæ voluntatis !* a dit Notre-Seigneur.

DU MARC'HALLAC'H DE KERMORVAN

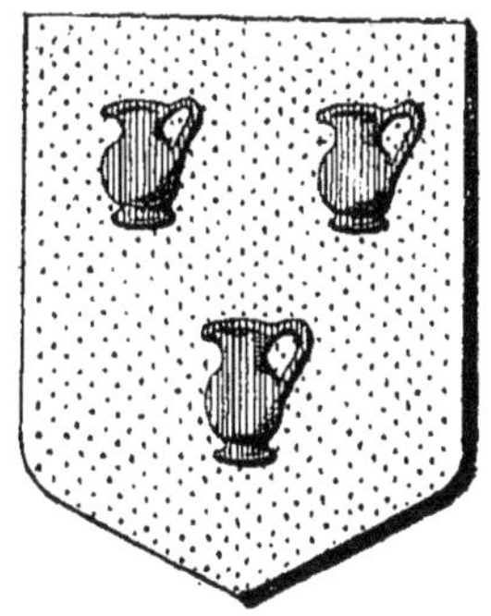

D'or à trois pots à eau ou orceaux de gueules.

Devise : *Usque ad aras.* (Jusqu'aux autels.)

« Cette devise était prophétique : le dernier descendant mâle de cette ancienne maison est entré dans les ordres. » (Bessas de la Mégie).

MARC'HEC ou MAREC DE MONTBARROT

D'argent au lion de gueules, armé, lampassé et couronné d'or, à la fasce de sable brochant chargée de trois molettes d'argent.

Devise : *In te, Domine, speravi, non confundar in æternum.* (J'ai espéré en vous, Seigneur, je ne serai pas confondu dans l'éternité).

Cette phrase fait partie du psaume XXX (1er verset). Elle est gravée en deux parties sur une lame d'épée de la collection Chamant.

MARCILLE D'ARGENTRÉ

D'argent à la bande de gueules, chargée de trois channes d'or.

Devise : En bonne table.

Cette devise a pour corps les trois channes ou marmites des armoiries. L'hospitalité a toujours été une des vertus de la noblesse bretonne, mais ce n'est pas à cette hospitalité que la devise des Marcille fait allusion. Les bannerets et les autres chefs militaires nourrissaient leurs soldats. La marmite ou channe est un emblème de commandement,

MARGUERIE DE VASSY

D'azur à trois marguerites de pré d'argent.

Devise : Cherche qui n'a.

Il faut rapprocher cette devise de celle de Lantivy : Qui désire n'a repos. On peut y voir une allusion au jeu de la *Marguerite*.

MARION DE BEAULIEU, DES NOYERS ET DE PROCÉ

D'azur au mur crénelé d'argent maçonné de sable, mouvant de la pointe, sommé d'un coq d'or tenant une épée de sable en pal.

Devise : Nos murs, nos lois.

Cette devise est celle de Marion, maréchal de camp du génie, anobli sous le titre de baron en 1820. Elle a pour corps le mur des armoiries, surmonté d'un coq armé. Elle fait allusion aux fonctions d'un officier qui doit défendre la cité et ses lois. Le mur représente les ouvrages de fortification, le coq symbolise la vigilance, qualité indispensable à un bon officier, et il est armé pour prouver que les soldats du génie doivent combattre d'une main pendant qu'ils travaillent de l'autre.

MARTIN DE LA CHAPELLE

D'azur à la croix pattée d'or, cantonnée en chef d'une étoile et d'un croissant d'argent.

Devise : *Stella in tempestate.* (Etoile dans la tempête.)

Cette devise a pour corps la croix, accompagnée d'une étoile et d'un croissant des armoiries. L'étoile n'est ici que par analogie et la croix seule est l'emblème. C'est en effet la croix qui seule peut être notre guide au milieu des tempétes de la vie.

MARTIN DE BAUDINIÈRE

Anjou et Bretagne.

De gueules à un lys au naturel adextré d'un sabre d'argent monté d'or, sénextré d'un plumet d'argent posé en pal, en abyme un cœur d'or brochant sur la tige du lys.

Devise : Dieu et le roi.

Cette devise fut adoptée par M. de Baudinière, compagnon et ami de Bonchamps, pendant les guerres de Vendée, auxquelles il prit une large part. Elle est sculptée sur un tombeau avec les armoiries ci-dessus, dans l'église de Saint-Florent le Vieil. Cette devise, commune à beaucoup de chefs vendéens, entre autres Cathelineau et Cadoudal, est aussi portée par Vassoigne ; l'abbé de Layrolle, évêque de Perpignan en 1817 ; de Bigu de Cléry ; de l'Epine ; de Guffon ; Le Maistre de Tonnerre ; Floret de la Tour de Clamongne ; du Tertre, et de Veyrac.

DE MATIGNON

D'or à deux fasces nouées de gueules, accompagnées de neuf molettes de même, 4, 2, 3, posées en orles entre les fasces.

Devise : Liesse à Matignon.

Cri de l'ancienne famille de Matignon, fondue dans Gouyon.

LE MÉE

D'azur à la croix terrassée et alésée d'or, rayonnante de même, chargée au pied de deux ancres d'argent en sautoir.

Devise : *Ecclesiæ securitas.* (Sécurité de l'église).

Cette devise est celle de Mᵍʳ Le Mée, évêque de Saint-Brieuc et de Tréguier en 1841, comte romain en 1845. Elle a pour corps la croix et les ancres des armoiries.

MÉHÉRENC DE SAINT-PIERRE

Normandie et Bretagne.

D'argent au chef d'azur, à la bordure de gueules.

Devise : Fais honneur à tes armes ou n'en parle jamais, ou simplement : Fais honneur.

Cette devise a pour corps les armoiries entières. On remarquera que les trois couleurs françaises y sont représentées. Elle fut portée par Jean Méhérenc de Saint-Pierre, contre-amiral en 1853.

DE MELLON

D'azur à trois croix pattées d'argent.

Devise : *Crux spes mea.* (Croix, mon espérance.)

Cette devise a pour corps la croix des armoiries. Elle rappelle ce vers d'un hymne de la Semaine sainte : *O crux ave, spes unica.*

MÉNARDEAU DE MAUBREUIL

D'azur à trois têtes et cols de licorne d'or.

Devise : *Telio opponit acumen.* (Il oppose sa pointe aux traits).

Cette devise a pour corps les trois têtes de licorne des armoiries. Elle fait allusion à la corne unique de ces animaux fabuleux, tel un guerrier oppose sa lance aux traits de l'ennemi. Portée aussi par Amboise d'Aubijoux.

DU MENÉ DU GOAZOUHALL

De gueules à la fasce d'argent, au lambel de même.

Devise : *Ober ha tével.* (Faire et taire).

DU MÉNEZ DE PRÉMAIGNÉ

D'azur à la croix pleine d'or, cantonnée au premier canton d'une main dextre d'argent.

Devise. *Et fide et opere.* (Et par la foi et par le travail).

Cette devise a pour corps la croix, et la main emblème du travail, qui se voient sur l'écu. C'est actuellement la devise des cercles catholiques ouvriers, et c'est à l'aide de ces deux éléments de la vie sociale qu'ils peuvent réussir à modifier notre société dégénérée.

DE MÉZANVEN

D'azur au gland versé d'or, accompagné de trois feuilles de chêne d'argent.

Devise : *Emé-t-hu.* (Dites-vous.)

DU MESCOUEZ ou MESGOUEZ DE LA ROCHE-HELGOMARCH, etc.

D'or au chevron d'azur, accompagné de trois trèfles de gueules.

Devise : Rien de trop.

MESNARD DE POUZAUGES

Poitou et Bretagne.

D'argent à trois porcs-épics de sable, miraillés d'or.

Devise : Nul ne s'y frotte.

Cette dévise provient de Olivier Mesnard, gouverneur de Tiffauges et maître d'hôtel de Louis XI en 1360. Elle a pour corps les porcs-épics que nous voyons sur l'écu et qui étaient la devise de ce roi. Devise commune aux Gamaches, changée par celle-ci : *Que nul ne m'attaque,* sans doute pour se distinguer de la maison de Créqui qui avait la première devise commune aux Créqui ; Le Jeune de la Guyonnière, de Bonne de Lesdiguières ; aux villes de Nancy, Château-Thierry, Contes ; aux Frottier de Bagneux.

MICHEL DE MONTHUCHON

D'azur à la croix d'or cantonnée de quatre coquilles de même.

DEVISE : *Quis ut Deus ?* (Qui est comme Dieu ?)

Cette devise a pour corps la croix et peut-être aussi les coquilles des armoiries. Ces dernières en effet se trouvent dans les armes de l'ordre de Saint-Michel, dont : *Quis ut Deus ?* est la devise. Portée aussi par de Froissart de Broissia. — C'est la traduction exacte du nom hébreu de l'archange : *Michael « Quis sicut Deus »*.

LE MINTIER DE LÉHÉLEC ET DE LA MOTTE-BASSE

De gueules à la croix engreslée d'argent.

I. DEVISE : *Deus meus... . omnia sunt* (Mon Dieu..... c'est tout).

II. DEVISE : Tout ou rien.

Saint François d'Assise répétait souvent cette belle maxime : *Deus meus et omnia.*

MIORCEC DE KERDANET

D'azur au hérisson d'or au chef d'argent chargé de trois hermines de sable.

DEVISE : Tout pour la charité.

Les membres de la famille Miorcec anoblie en 1815 furent de ceux qui n'hésitèrent pas à se consacrer tout entier à la revendication des privilèges et des franchises de la Bretagne. Ils sacrifièrent à cette tâche leur repos et leur fortune.

DE MOELIEN

D'azur à un anneau d'argent souché et environné de trois fers de lance de même.

DEVISE : *Seel pople* (Regarde, peuple).

Cette devise a pour corps l'anneau des armoiries. L'anneau était
un signe distinctif de chevalerie ; donc regardez mon anneau équi-
vaut à dire : voyez ma noblesse.

LE MOINE DE LA BORDERIE

*D'or à trois chicots écotés d'azur, au chef de même chargé
de trois allérions d'or.*

Devise : Qui l'aborde rit.

Cette devise a été choisie par M. Arthur de la Borderie, si connu
par ses travaux historiques ; il s'est composé un « *ex-libris* » sur
lequel on voit représenté le bord de la mer avec cette devise : *Qui
l'aborde rit.*

DE MOLAC

De gueules à sept macles d'argent.

I. Devise : *Gric da Molac* (Silence à Molac).

II. Devise : Bonne vie.

III. Devise : *Macula sine macula* (Macles sans taches).

Cette troisième devise a pour corps les macles des armoiries. La
macle est un losange, qui, en blason, est l'emblème de la maille de
la cotte d'armes. Les Rohan ont sans doute introduit la macle dans
leurs armoiries parce qu'ils trouvaient sur leurs domaines une
pierre losangée très commune dans certains cantons. On trouve,
dit M. Kerviler, dans une grande partie de la Bretagne, et surtout
aux environs de Josselin, un silice d'alumine ayant la forme d'un
losange, au milieu duquel est un losange plus petit et noir formant
tache. *Macula sine macula* signifie donc: Nom sans tache ou écu
sans tache. Rappelons à propos de la première devise « Gric da
Molac » le vers classique : *Si forte virum quem conspexere silent
arrectisque auribus tenebant.*

DE MONTAIGU DE BOIS-DAVID

Poitou. — Bretagne.

D'azur à deux lions d'or, lampassés et couronnés de gueules.

Devise : Apre à faillir, Montaigu.

DE MONTCUIT

Parti au 1 : de gueules à sept étoiles d'argent posées 2, 2, 2 et 1, alternées de six croissants de même ; au 2 : d'argent à sept hermines de sable, 2. 3. 2.

Devise : *In candore vis* (La force dans la candeur).

DE MONTALEMBERT

Poitou. — Bretagne. — Ile-de-France.

D'argent à la croix ancrée de sable.

I. Devise : *Ferrum fero, ferro feror* (Je porte le fer, je suis porté par le fer).

II. Devise : Ni espoir, ni peur.

III. Devise : Particulière à la branche de Cers : *Cecidi, sed surgam* (Je suis tombé, mais je me relèverai).

ANCIEN DICTON

> La maison Montalembert,
> D'Essé, de Vaux et de Cers,
> Mi-partie angomoisine
> Et mi-partie poitevine,
> Vaillamment a combattu
> En champ de gloire et vertu.

La première de ces devises pourrait s'écrire F. (F. F. F. F.) et son originalité réside dans la répétition de mots à peu près identiques, quoique de signification différente. Son sens caché est facile à pénétrer, il s'agit du chevalier bardé de fer, chargé en outre de l'épée et de la lance, monté sur son cheval aussi couvert de fer et porté sur ses quatre fers. La seconde signifie que la peur ne doit jamais envahir un cœur fort, même quand tout espoir est perdu. La troisième, particulière à la branche de Cers : *Cecidi, sed surgam*, annonce avec quelle vigueur la jeune branche sort du vieux tronc.

DE MONTBOURCHER

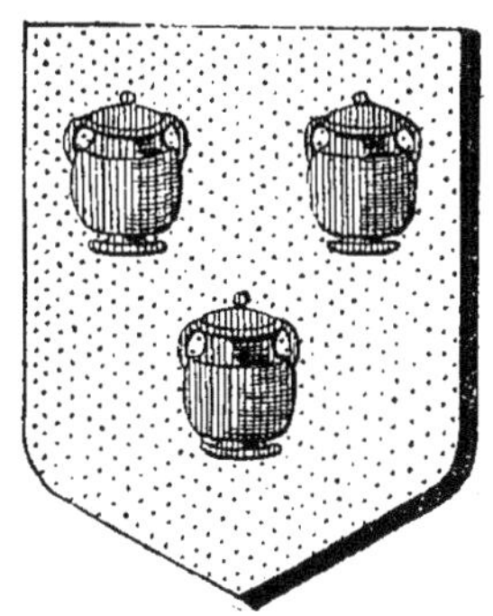

D'or à trois channes ou marmites de gueules.

DEVISE : Assez d'amis quand elles sont pleines. *Aliàs :*
Tant qu'elles bouillent d'amis assez.

Cette devise a pour corps les marmites des armoiries. Au moyen
âge les chefs de compagnie et les grands seigneurs nourrissaient
leurs hommes d'armes. La marmite est donc un signe de commandement et il ne faut pas s'étonner de la voir figurer sur l'écu des
plus vieilles et des plus nobles maisons. Le chef a beau être brave,
s'il ne peut plus compter la solde, si la fortune ne lui est plus
favorable, il verra s'éclaircir les rangs de ses soldats, de même
si son château ruiné n'offre plus la large hospitalité d'autrefois,
on ne se souviendra pas si noble et sainte fut la cause de cette
ruine et le vide se fera autour du maître comme autour d'un
pestiféré. *Donec eris felix, multos numerabis amicos ; Tempora si
fuerint nubila. solus eris*, a dit Virgile. Le fâcheux côté de la nature
humaine que nous montre ici le poète latin, après avoir été vrai
à Rome et au moyen âge, n'est-il pas contemporain ?

DE MONTFORT

*Ecartelé d'azur et de gueules, à la croix denchée d'argent
sur le tout, cantonnée aux 1 et 4 : d'un cygne au naturel ; aux
2 et 3 : d'une molette d'argent.*

DEVISE : *Melius mori quam inquinari* (Plutôt mourir
qu'être sali).

Cette devise a pour corps le cygne des armoiries. Variante de la devise de Jean V, duc de Bretagne, qui était : *Malo mori quam fœdari*, et qui avait pour corps l'hermine.

DE MONTI DE REZÉ

Toscane. — Bretagne.

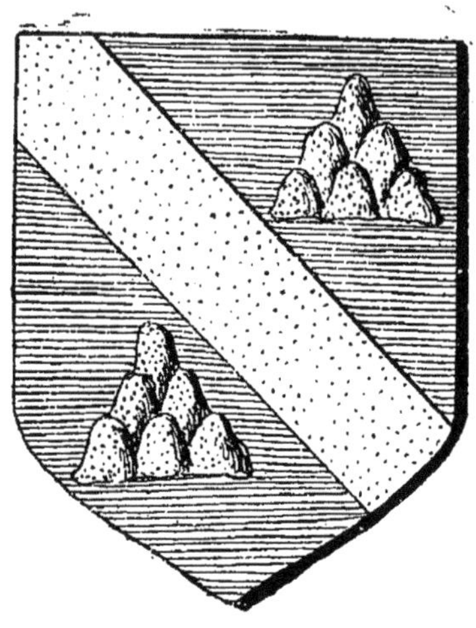

D'azur à la bande d'or, *accostée de deux monts de six coupeaux de même.*

I. Devise : Nous vivons dans les lieux rudes et âpres où la vertu de patience surmonte tout.

II. Devise : Inébranlable.

Cette seconde devise fut concédée à Edouard de Monti de Rezé par le comte de Chambord, à cause de sa fidélité à toute épreuve. Elle a pour corps, comme la précédente, les montagnes des armoiries.

DE MONTMORENCY

D'or à la croix de gueules, cantonnée de seize allérions d'azur.

I. Devise : Dieu ayde au premier baron chrétien.

II. Devise : *Aplanos* (Qui n'erre pas ; — qui ne se trompe pas).

D'après le généalogiste du Chesne, dans son « Histoire de la maison de Montmorency », le cri : Dieu ayde au premier baron chrestien, serait mentionné dans un manuscrit du temps de Philippe le Bel. Ce livre était conservé dans la bibliothèque de messire Philippe Hurault, évêque de Chartres, où il put le voir. Ce renseignement concorde avec une idée généralement reçue, à savoir, que ce cri fut pris par le sire de Montmorency pendant les Croisades. Jean de Saintré en parle aussi, lorsqu'il cite les noms et armes des seigneurs partis pour l'expédition de Prusse.

La devise grecque Aplanos avait pour corps une étoile. On croyait alors les constellations fixes et comme attachées à la voûte céleste, et le mot Aplanos signifie sans errer ni varier. Du Chesne prétend que les seigneurs de Montmorency voulaient indiquer par là leur constance dans la foi du vrai Dieu. Quoi qu'il en soit, l'étoile se retrouve très anciennement dans leur maison, notamment sur le scel de Henri de Montmorency en 1189 et sur le contrescel de Marie de Ponthieu, femme de Mathieu de Montmorency, sous le règne de Saint-Louis. Mentionnons aussi celle de Hervé de Montmorency, vivant en 1172 : *Si Deus nobiscum, quis contra nos?* Si Dieu est avec nous, qui est contre nous?

DE MORANT DU MESNIL-GARNIER

Normandie. — Bretagne et Ile-de-France.

D'azur à trois cormorans d'argent.

DEVISE : *A candore decus* (Par ma blancheur l'honneur).

Cette devise a pour corps les trois cormorans d'argent des armoiries.

MORÉ DE PONTGIBAUD

Auvergne. — Bretagne et Gévaudan.

DEVISE : *Moré por Diou* (Mourir pour Dieu).
Cette devise est équivoque au nom de *Moré*.

MORIN DE LA MARCHANDRYE

D'argent à l'arbre de sinople planté sur une terrasse de même : un sanglier de sable brochant sur le fût de l'arbre.

DEVISE : *Mori ne timeas* (Ne crains pas de mourir).

Cette devise dont le premier mot est équivoque au nom de Morin a pour corps le sanglier des armoiries. Le sanglier, emblème de courage et de férocité, comme le guerrier redoutable, ne laisse de sécurité à ses ennemis qu'après sa mort.

MORLAIX

D'azur au navire équipé d'or, aux voiles éployées d'hermines.

Devise : S'ils te mordent, mors-les.

Cette devise est équivoque au nom de Morlaix. Elle a pour corps le lion et le chien qui soutiennent l'écu de Morlaix. Le chien est l'emblème de l'ennemi et le lion celui de la ville. C'est à lui qu'est adressé ce conseil.

DE MOUCHERON

Bretagne. — Normandie.

D'argent à la fleur de lys d'azur, faillie ou séparée par le milieu et détachée de toute part.

Devise : *Altum alii teneant* (Que d'autres tiennent les hauteurs).

Cette devise paraît avoir pour corps la fleur de lis des armoiries. Faillie et séparée, elle présente l'aspect d'un moucheron volant; faible insecte, il laisse les hauteurs àplus forts que lui. C'est beaucoup de modestie.

DE LA MOUSSAYE

D'or fretté d'azur de six pièces.

Devise : Honneur à Moussaye.

Cette devise fut concédée en 1339 à Geoffroy de la Moussaye par Jean III. Ce capitaine venait de repousser les Anglais et de les vaincre à Dol.

DE LA MUSSE DE PONTHUS

De gueules à neuf besants d'or 3. 3. 3.

Devise : *Auro micante refulget* (Il brille d'un or étincelant).

Cette devise a pour corps les besants d'or des armoiries.

NANTES

De gueules au navire d'or, aux voiles éployées d'hermines, au chef de même.

I. Devise : *Favet Neptunus eunti* (Neptune favorise le voyageur).

II. Devise : *In te sperant, Domine, oculi omnium* (Les yeux de tous sont tournés vers toi).

DE NÉVET

D'or au léopard morné de gueules.

Devise : Perag? (Pourquoi).

NICOLAZO DE BARMON

D'argent au léopard de gueules.

Devise : *Deo, rege, me* (Dieu, le roi, moi).

NOBLET DE LESPAU

D'or à la fasce engreslée de sable.

Devise : *Nobilitat virtus* (Le courage anoblit).

Cette devise est équivoque au nom de Noblet.

DE LA NOE OU NOUE

D'azur au lion d'or, armé, lampassé et couronné de gueules.

Devise : *Amor et fides* (Amour et foi).

NOEL OU NOUEL

Bretagne et Angleterre.

D'argent au pin de sinople, soutenu de deux cerfs affrontés et rampants de sable.

Devise : Tout bien ou rien.

Cette devise a pour corps les deux cerfs affrontés des armoiries. Ils sont représentés affrontés, c'est-à-dire combattant. Chacun d'eux refuse tout partage et veut avoir : Tout bien ou rien.

DE NOMPÈRE DE CHAMPAGNY, DUC DE CADORE

Bretagne et Forez.

D'azur à trois chevrons brisés d'or.

Devise : *Non impar virtuti fides* (Sa foi égale son courage).

Les premiers mots de cette devise, *non impar*, sont équivoques au nom de Nompère.

DES NOS

D'or au lion de sable armé, lampassé et couronné de gueules.

I. Devise : Tout pour honneur et par honneur.

II. Devise : Marche droit.

III. Devise : Lion rampant n'est pas soumis.

Toutes ces devises ont pour corps le lion des armoiries.

LE NY DE COETELEZ

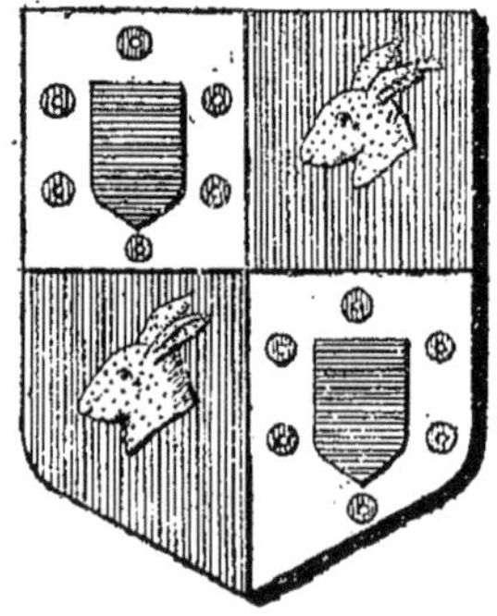

Ecartelé aux 1 et 4 : d'argent à l'écu d'azur en abyme accompagné de six annelets de gueules en orle, 3, 2, et 1 ; aux 2 et 3 : de Coëtelez.

Devise : Humble et loyal.

O'BRIEN

Irlande et Bretagne.

*Ecartelé aux 1 et 4 : d'argent à trois léopards de gueules ;
aux 2 et 3 : d'argent à trois pointes de gueules.*

DEVISE : Vigueur de dessus.

Cette devise a pour corps les léopards des armoiries.

Elle est d'origine irlandaise et probablement traduite de l'anglais,
à l'arrivée en France d'O'Brien, capitaine au régiment de Berwick.

OLIVIER DU BOURDON

*D'argent à trois têtes de lévrier coupées de sable, colletées
d'or, surmontées d'une quintefeuille de sable.*

DEVISE : Ni trop, ni trop peu.

OLIVIER DE KERJEAN

*D'azur à la colombe essorante d'argent, portant en son bec
un rameau d'olivier de sinople.*

DEVISE : *Signum pacis* (Signe de paix).

Cette devise a pour corps la colombe portant un rameau des armoiries. Elle rappelle un épisode de la Bible assez connu pour que
nous n'ayons pas besoin de le rapporter.

OLIVIER DE LA VILLENEUVE

*D'argent à la fasce de gueules, grillée d'or, accompagnée de
trois quintefeuilles de gueules.*

DEVISE : *Nobili pace victor* (Vainqueur par une noble paix).

Cette devise n'a pas de corps, elle fait allusion à l'olivier; on sait
que l'arbre qui porte ce nom a toujours été considéré comme un
signe d'abondance et de paix.

O'MURPHY

Irlande. — Flandre. — Bretagne.

Ecartelé d'argent et de gueules, à quatre lions de l'un en l'autre, à la fasce de sable chargée de trois gerbes de blé d'or, brochant sur le tout.

DEVISE : *Fortis et hospitalis* (Fort et hospitalier).

Cette devise a pour corps les lions et les gerbes des armoiries. Les lions sont ici pour le mot *fortis*, courageux, et les gerbes sont l'emblème d'une hospitalité légendaire.

O'RIORDAN

Irlande. — Bretagne et Orléanais.

Ecartelé aux 1 et 4 : de gueules au dextrochère de carnation armé d'une épée haute d'argent, mouvante d'un nuage d'azur à sénestre ; aux 2 et 3 : d'argent au lion de gueules, grimpant le long d'un chêne de sinople, terrassé de même.

DEVISE : *Certavi, sanguinavi, vici* (J'ai combattu, j'ai répandu mon sang, j'ai vaincu).

Le corps de cette devise est dans les armoiries : le dextrochère armé est l'emblème du combat ; le lion représente ici la victoire.

D'OSMONT

Normandie. — Bretagne.

De gueules au vol fondant d'hermines.

DEVISE : *Nihil obstat* (Rien ne s'oppose).

Cette devise a pour corps le vol d'hermines des armoiries. Rien ne s'est opposé en effet à l'élévation de la famille d'Osmont dont un membre est devenu pair de France.

DE LA PALUE

D'or au lion morné de sable, au lambel de gueules.

DEVISE : *Quémer quélen* (Prendre conseil).

Cette devise est portée aussi par Guyomar de la petite Palue dont les armes diffèrent de celles-ci. Elle peut être rapprochée de celles de Alleno : *Madé quélen e peb amzér*, un conseil est bon en tout temps.

PANTIN DE LA GUÈRE

Anjou et Bretagne.

D'argent à la croix de sable, cantonnée de quatre molettes de gueules.

Devise : *Crux dux certa salutis* (La croix est le guide certain du salut).

Cette devise a pour corps la croix des armoiries. C'est en suivant les enseignements de l'Evangile et en imitant la Passion de N.-S. que les saints sont arrivés à ce degré de perfection qui nous étonne.

LE PAPPE DE LÉZUZAN

D'argent à la rose de gueules, boutonnée d'or.

Devise : Point gêhené, point gêhenant.

C'est sous la forme archaïque la devise de La Forest.

DU PARC DE LOCMARIA

D'argent à trois jumelles de gueules.

I. Devise : Tout est beau.
II. Devise : Vaincre ou mourir.

DU PARC

D'azur au léopard d'or, au lambel de gueules.

Devise : Bon sang ne peut mentir.

Cette devise a pour corps le léopard des armoiries. Le léopard est l'emblème de la noblesse et certes le sang des du Parc n'a pas menti. Pendant plus de huit siècles, ils sont partout où il y a un danger à affronter et de l'honneur à recueillir.

DE PARCEVAUX DE TRONJOLY

D'argent à trois chevrons d'azur.

Devise : *Mar plich Doué* (S'il plaît à Dieu).

Portée par de Kerlec'h et du Chastel.

DE PARSCAU

De sable à trois quintefeuilles d'argent

Devise : *Amzeri* (Temporiser).

C'était la devise du fameux général romain Fabius Cunctator.

DU PAS DE LA BOURDINIÈRE

Bretagne.

D'azur à la fasce d'argent, au chef d'or chargé d'une hure de sanglier de sable.

Devise : Petit pas et grand chemin.

Cette devise est équivoque au nom de du Pas. Elle est à rapprocher du proverbe italien : *Chi va piano va sano ; chi va sano va lontano.*

PASCAL

Languedoc et Bretagne.

De gueules à l'agneau pascal immolé d'argent portant un guidon croisé de gueules, au chef cousu d'azur, chargé d'un croissant d'argent accosté de deux étoiles d'or.

Devise : *Sanguinem quid plura?* (Quoi de plus que le sang)?

Cette devise choisie par Pierre Pascal, maréchal de camp en 1788, a pour corps l'agneau pascal des armoiries. Jésus-Christ a donné son sang pour nous racheter, et il ne pouvait nous donner une plus grande preuve d'amour. Le soldat qui verse son sang pour la patrie ne peut rien de plus pour elle.

PAYEN DE LA RIVIÈRE

D'argent à trois têtes de maures de sable.

I. DEVISE : D'abord Payen, ensuite Chrestien.

II. DEVISE : La foy, le roy.

La première de ces deux devises est équivoque au nom de Payen.

PAVIC DE TROSTANG

D'azur à deux chevrons entrelacés de sable accompagnés en pointe d'un annelet de même.

DEVISE : *Cruz ha tao* (Dissimule et te tais).

Cette devise est antérieure au XVIIᵉ siècle, car en 1627 Pavic s'est fondu dans la Rivière.

PELLÉ DE QUÉRAL

D'argent au lion de gueules, accompagné en chef de deux annelets de gueules et en pointe d'un croissant de même.

DEVISE : *Virtute crescit vir* (L'homme s'élève par le courage).

DE PENANCOËT DE KEROUAZLE

Fascé de six pièces d'argent et d'azur.

I. DEVISE : *En diavez* (A découvert).

II. DEVISE : *A bep pen léaldet* (Loyauté partout).

Penancouët signifie *le bout du bois*. Les deux devises de cette famille ont été choisies pour cela et dérivent l'une de l'autre. Au bout du bois, l'on est à découvert, et il faut être loyal, même à découvert.

DE PENANDREFF

D'argent au croissant de gueules, surmonté de deux étoiles de même.

DEVISE : Q'aucun querelleur n'y entre.

Cette devise est allusive au nom de Penandreff qui signifie proprement : *Téte de la barrière.* Les Penandreff s'opposent à ce qu'aucun querelleur entre dans leur famille. Mais ils sauront répondre à toutes les provocations.

DE PENFEUNTENYO ou DE CHEFFONTAINES

Burelé de six pièces de gueules et d'argent.

DEVISE : *Plura quam opto* (Plus que je désire).

DE PENGUERN

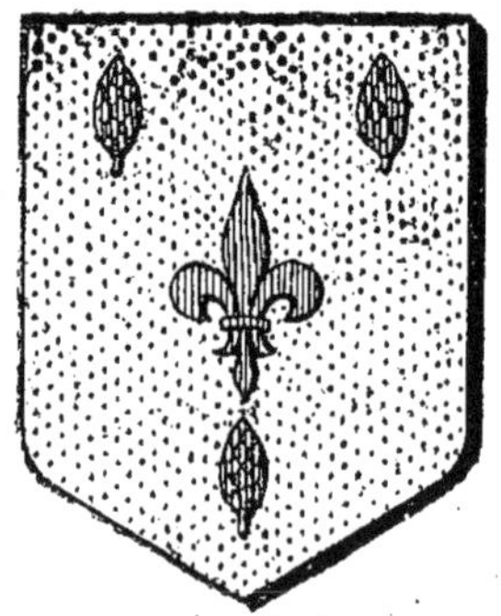

D'or à trois pommes de pin de gueules la pointe en haut, une fleur de lys de même en abyme.

DEVISE : *Doué à a guenta* (Dieu d'abord).

DE PENHOET

D'or à la fasce de gueules.

I. DEVISE : *Red Eo* (Il faut).

II. DEVISE : Antiquité de Penhoët.

La maison de Penhoët, anciennement Pancouët, est réputée une des plus anciennes de Bretagne, et tire son origine des anciens barons et vicomtes de Léon.

DE PENMARC'H

Ecartelé aux 1 et 4 : de gueules à la tête de cheval d'argent ; aux 2 et 3 : d'or à trois colombes d'azur.

DEVISE : *Prest vé* (Il serait prêt).

Cette devise a pour corps la tête de cheval et les colombes des armoiries. Le cheval est l'emblème de la guerre, la colombe celui de la paix. Penmarc'h est prêt à l'un comme à l'autre.

PÉPIN

D'azur au chevron composé de sept pièces d'argent et de sable, accompagné de trois pommes de pin versées d'argent.

DEVISE : *Fidelis dum vivam* (Fidèle tant que je vivrai).

PERIOU ou PRIOUR DE BOCERET

De gueules à la fasce accompagnée de trois coquilles en chef et en pointe d'un trèfle, le tout d'argent.

I. Devise : *Virtute crescitur* (Le courage élève).

II. Devise : *Trino juvante Domino* (Avec l'aide de la sainte Trinité).

Cette seconde devise a pour corps le trèfle des armoiries. Cette plante choisie par saint Patrick pour expliquer aux Irlandais le mystère de la Sainte Trinité en est resté l'emblème.

PERRÉE DE LA VILLESTREUX

D'azur au croissant d'or, accompagné en chef de deux étoiles aussi d'or, et en pointe d'une ancre de même.

Devise : *Mare nascitur fortitudo* (Ma valeur vient de la mer).

Cette devise sied bien à une famille qui compte parmi ses ancêtres un capitaine de vaisseau, compagnon d'armes de Duguay-Trouin en 1691, et un capitaine général des galères, puis chef d'escadre de Philippe V d'Espagne en 1705.

DU PERRIER DE QUINTIN

D'or au poirier de sinople ; aliàs : d'azur à dix billettes d'or, 4, 3, 2, 1.

Devise : Ni vanité ni faiblesse.

PICOT

Bretagne et Champagne.

D'or au chevron d'azur, accompagné de trois fallots d'argent allumés de gueules, au chef de même.

Devise : *Nullus extinguitur* (Personne ne les éteindra).

Cette devise a pour corps les trois fallots des armoiries :

DE PIERRES

Anjou et Bretagne

D'or à la croix pattée et alésée de gueules. Cimier : un ours issant tenant une pierre en l'une de ses pattes, et ces mots : Ours lance Pierre.

DEVISE : Pour loyaulté soutenir.

Cette devise a pour corps la croix des armoiries, elle exprime une pensée religieuse : Un cœur vraiment chrétien sera toujours loyal.

PINCZON DU SEL DES MONTS

D'argent à la croix ancrée de sable cantonnée de quatre merlettes de même.

DEVISE : Vite et ferme.

PINON

Bretagne. — Ile-de-France.

D'azur au chevron d'or, accompagné de trois pommes de pin de même.

DEVISE : *Te stante, virebo* (Je verdirai sous votre règne).

Cette devise a pour corps les trois pommes de pin des armoiries. C'est dans les pommes de pin que se trouvent les graines de cet arbre, et Jacques Pinon, conseiller au parlement de Paris, puis président au parlement de Metz en 1600, indiquait ainsi que, grâce à la bienveillance du roi, il s'élèverait et ferait honneur à sa maison. C'est une flatterie, intéressée peut-être, mais peut-être aussi un témoignage de reconnaissance envers Henri IV alors régnant.

DE PIOGER

D'argent à trois écrevisses de gueules en pal.

DEVISE : *Nec pallent, nec recurrunt* (Sans pâlir ni reculer).

Cette devise a pour corps les trois écrevisses des armoiries. Les écrevisses, a-t-on dit faussement, sont rouges et marchent à reculons, et c'est par opposition que les Pioger ont dit eux-mêmes : *Nec pallent, nec recurrunt.*

DU PLESSIS-MAURON DE GRÉNÉDAN

D'argent à une bande de gueules, chargée de trois macles d'or, surmontée d'un lion de gueules, armé, couronné et lampassé d'or.

Devise : *Piesseis Mavron* (Plessis Mauron).

Ce cri n'est que le nom actuel dans son ancienne orthographe. Il est mentionné dans une généalogie de la maison du Plessis imprimée en 1844.

DE PLOESQUELLEC ou PLUSQUELLEC

Chevronné de six pièces d'argent et de gueules ; aliàs : brisé d'un lambel d'azur.

Devise : Aultre ne veuil.

Cette devise peut se rapprocher de celle de Beauharnais : Aultre ne sers. Elle peut avoir été adoptée par Morice de Plusquellec, lorsqu'il prit, en 1373, du service sous les ordres du duc de Bourbon.

DE PLOEUC DU TIMEUR

D'hermines à trois chevrons de gueules.

Devise : L'âme et l'honneur, ce sont les biens les plus précieux).

Cette devise est commune à : Le Cardinal, Collet de la Chasserie et de Kerglas.

POILVILAIN OU PILLEVILAIN

Mi parti d'or et d'azur.

DEVISE : *Ab avis et armis* (Par les ancêtres et les armes).

POIRIER

Normandie et Bretagne.

D'azur au chevron d'or accompagné en chef de trois étoiles d'argent et en pointe d'un croissant de même.

DEVISE : Oncques ne fauldray.

DE LA POIX DE FRÉMINVILLE

Bourgogne et Bretagne.

D'azur au chevron d'argent accompagné de trois coquilles d'or ; au chef de même, chargé de trois bandes de gueules.

CRI : En avant.

PONCELIN DE ROCHETILLAC

De gueules à trois fasces d'argent.

DEVISE : *Firmior petra* (Plus ferme que la pierre).

DU PONT

Maine et Bretagne.

D'argent à deux chevrons de gueules.

DEVISE : *Virtute et labore* (Par le courage et le travail).

DE PONTCROIX

D'azur au lion morné d'argent.

DEVISE : Naturellement.

DU PONT-L'ABBÉ

D'or au lion de gueules, armé et lampassé d'azur.
DEVISE : *Heb chench* (Sans varier).

LE PONTOIS

Normandie-Bretagne.

DEVISE : *Loquuntur sicut asina Balaam* (Ils parlent comme l'ânesse de Balaam).

Cette originale devise a pour corps les loups des armoiries. Par apposition aux mœurs de cet animal féroce, les Le Pontois parlent comme l'ânesse de Balaam, bénissent au lieu de maudire, rendent le bien pour le mal (De la Roque).

DE PORTZMOGUER

De gueules à huit besants d'or : 3, 3 et 2, une coquille de même en abyme.

I. DEVISE : *Ioul Doué, sel péri* (La volonté de Dieu, prends garde à ce que tu feras).

II. DEVISE : *Var vor ha zar zouar* (Sur terre et sur mer).

Cette dernière devise rappelle les services rendus sur terre et sur mer par les membres de la maison de Portzmoguer. L'un d'eux, commandant la nef la *Cordelière,* fut tué au combat naval de Saint-Mathieu en 1513.

POTIER DE GESVRES

Bretagne et Ile-de-France.

D'azur à deux mains dextres d'or au franc quartier échiqueté d'argent et d'azur.

DEVISE : *Dextera fecit virtutem, dextera salvabit me* (Ma droite a fait mon courage, ma droite me sauvera).

Cette devise a pour corps les mains dextres des armoiries.

POTIER DE COURCY

De gueules à la fasce d'argent accompagnée de trois croisettes de même : 2, 1.

DEVISE : A la parfin, vérité vaine.

Cette devise toute cnrétienne a pour corps les croisettes des armoiries. La vérité du christianisme a triomphé jusqu'ici de bien des erreurs et de bien des obstacles et Jésus-Christ a promis la victoire à son Eglise.

DE LA POUEZE OU POËZE

D'argent à trois bandes de sable.

DEVISE : *Auxilium ad alta* (Le secours vient d'en haut).

DE POULMIC

Echiqueté d'argent et de gueules.

DEVISE : De bien en mieux.

DE POULPIQUET DU HALGOUET ET DE BRESCANVEL

D'azur à trois pallerons d'argent, becqués et membrés de gueules.

DEVISE : De peu, assez.

LE PRESTRE DE CHATEAUGIRON

*Ecartelé aux 1 et 4 : d'argent à la quintefeuille de gueules ;
aux 2 et 3 : de sable à quatre fusées rangées et accolées d'or.*

DEVISE : *Sacerdos in æternum* (Prêtre pour l'éternité).

Cette devise est équivoque au nom de Prestre. Elle est tirée du
psaume 109, Dixit Dominus : — *Juravit Dominus et non pœnitebit
eum : tu es sacerdos in æternum secundum ordinem Melchisedech.*

PRÉVOST DE LA CROIX

Ile-de-France et Bretagne.

*Tiercé en pal au 1, d'azur au croissant d'argent, au 2, d'or
à trois étoiles d'azur; au 3 : de sable à une sirène d'argent.*

DEVISE : *Magis ac magis* (Davantage et davantage).

PRÉVOST OU PROVOST DE BOISBILLY

D'argent à trois bandes fuselées de gueules.

DEVISE : *Adversis major et secundis* (Au-dessus de la prospérité et de l'adversité).

Cette devise a pour corps les bandes fuselées des armoiries. La
première partie de la sentence « Au-dessus de la prospérité » fait
allusion à la bande, sans tenir compte des fusées qui la couvrent ;
la bande peut en effet représenter l'écharpe du chevalier banneret.
La seconde proposition fait allusion aux fusées seules ; elles sont
l'emblème de la patience.

DE QUATREBARBES

De sable à la bande d'argent, cotoyée de deux filets de même ;
aliàs : *surmontée d'un lambel.*

DEVISE : *In altis non deficio* (En haut ne défaille).

DE QUÉLEN

Burelé de six pièces d'argent et de gueules.

I. DEVISE : *E peb amzer Quélen* (En tout temps Quélen).

II. DEVISE : *Avize ! avize !*

En breton le mot *quélen* : signifie *houx* ; la devise de cette maison peut signifier : En tout temps Quélen, ou bien encore : En tout temps, il y a des houx, allusion à la feuille de cet arbre qui ne tombe pas l'hiver. Le cri : « Avize ! avize ! » était jeté par la branche de la maison de Quélen, créée de la Vauguyon, branche éteinte (Bessac de la Mégie).

DU QUÉLLENEC

D'hermines au chef de gueules, chargé de trois fleurs de lys d'or.

DEVISE : En Dieu m'attends.

QUEMPER DE LANASCOL

D'argent au léopard de sable, accompagné en chef de trois coquilles rangées de même.

DEVISE : En bon repos

DE QUILLIMADEC

D'argent au chef endenché de gueules.

DEVISE : Sans rémission.

Cette devise a pour corps le léopard des armoiries. Le léopard comme le lion symbolise le courage et la force, et ses deux qualités sont des garanties de repos.

QUINTIN DE KERCADIO

D'argent, au lion morné de sable, accompagné de trois molettes d'éperon de même.

Devise : *Calcaribus recalcitra* (Cabre-toi sous l'éperon).

Cette devise a pour corps les molettes d'éperon des armoiries. Elle indique la volonté de ne pas céder à la violence, et rappelle la devise de Bourgogne : *Tout par amour et rien par force.*

RAHIER

De gueules à la croix d'or, cantonnée de quatre croisettes de même.

Devise : *Fides agit* (La foi agit).

Cette devise a pour corps les croisettes des armoiries. Elle rappelle ce vers classique : *La foi qui n'agit point, est-ce une foi sincère.*

RAISON DU CLEUZIOU

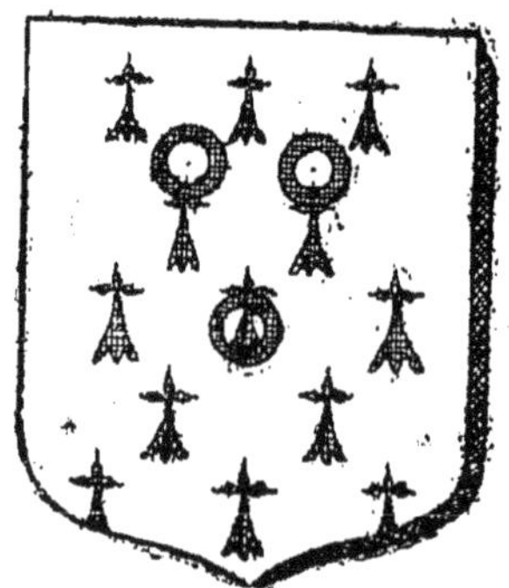

D'hermines à trois annelets de sable.

Devise : Toujours raison.

Cette devise est équivoque au nom de Raison. Elle fut adopté par Jacques Raison. En épousant Gillette du Cleuziou, il en prit le armes, mais garda son nom.

DU REFUGE DE COESMES

D'argent à deux fasces de gueules, deux bisses affrontées d'azur en pal, languées de gueules ; brochant sur le tout.

I. Devise : A tous Refuge.

II. Devise : *Victrix innocentia* (Innocence victorieuse).

La première devise est équivoque au nom de Refuge. La secon devise semble avoir pour corps le fond d'argent de l'écu. L'argen est en blason le symbole de l'innocence.

REGNAULT DE BELLESCIZE

Lyonnais et Bretagne.

De gueules à la fasce d'argent, surmontée et soutenue d'un losange d'or.

Devise : *Ardens et æquum* (Ardent et juste).

REGNON

Poitou et Bretagne.

D'azur à trois abeilles d'or.

Devise : *Mel regi* (Le miel au roi).

Cette devise a pour corps les abeilles des armoiries.

RENOU GAUVAIN DE LA BOURDONNERIE

D'or à la fasce de gueules, chargée d'une fleur de lys d'argent.

Devise : *Fiat voluntas Dei* (Que la volonté de Dieu soit faite).

RICHARD DE KERRIEL

D'azur au rencontre de cerf d'or, surmonté d'une étoile à huit rais d'argent et accosté de deux crosses de même.

Devise : *Caret Doué, meuli Doué, énou Doué* (Aimer Dieu, louer Dieu, honorer Dieu).

Devise : *Dominus in circuitu* (Le Seigneur est dans l'enceinte).

La première devise a été adoptée par Olivier, successeur de Tariec, conseiller aux grands-jours, chanoine de Nantes, Rennes et Léon en 1555, enterré dans la chapelle de Tariec.

La seconde est tirée d'un Psaume. Le roi prophète dit des autres villes qu'elles ont des remparts de pierre tandis que, pour Israël, son rempart est Dieu même: « *Dominus in circuitu.* Le Seigneur l'entoure comme un rempart.

RICOUART D'HÉROUVILLE

Brie et Bretagne

D'azur à une ombre de soleil d'or, au chef d'argent, chargé d'un lion léopardé de sable.

Devise : *Sub umbrâ solis, nascitur virtus* (A l'ombre du soleil naît le courage).

Cette devise a pour corps le lion et l'ombre de soleil des armoiries. Le lion, symbole du courage, naît à l'ombre du soleil. Si l'on considère que cette devise et ses armoiries sont celles de Ricouart, conseiller d'Etat en 1654, on est tenté d'y voir une ingénieuse flatterie à l'adresse de Louis XIV, dont le soleil était l'emblème.

DE RIEUX

D'azur à neuf besants d'or, 3. 3. 3,

Devise : A tout heurt Bellier, à tout heurt Rieux ; Cri : Tout un.

RIOU DE KERANGOUEZ

De sable à trois chevrons d'argent.

Devise : *Mudond é ?* (Es-tu muet ?).

RIOUST DE LARGENTAYE

D'azur au coq d'argent, crêté, barbelé et membré de gueules, accompagné de trois étoiles d'or.

Devise : *Cantat pugnatque vicissim* (Il chante et combat tour à tour).

Cette devise a pour corps le coq des armoiries. Il est inutile d'insister sur le caractère batailleur et sur le chant de cet animal.

RIQUETTI DE MIRABEAU

Provence et Bretagne

D'azur à la bande d'or, accompagnée en chef d'une demifleur de lys de même, florencée d'argent, défaillant à dextre, et en pointe de trois roses aussi d'argent posées en bande.

Devise : *Juvat piétas.* (La piété m'aide).

Le fameux Mirabeau, de sinistre mémoire, devait être bien gêné d'une semblable devise.

DE LA RIVIÈRE DE PLOEUC

D'azur à la croix engreslée d'or, cantonnée à dextre d'une fleur de lys de même.

Devise : *Undequâque inspiciendum* (Il faut regarder de tous côtés).

Cette devise a pour corps la croix des armoiries. De tous côtés et en toutes circonstances un chevalier doit avoir les yeux sur le signe de notre rédemption.

DE ROBIEN

D'azur à dix billettes d'argent, 4. 3. 2.

I. Devise : *Manet altâ mente repostum* (Il demeure en repos dans sa haute intelligence).

II. Devise : Sans vanité ni faiblesse.

Cette finale d'un vers de Virgile compare les souvenirs à un trait lancé par une main virile et qui s'enfonce dans l'âme. Elle veut donc dire que : bienfait ou injure, tout demeure gravé au fond même de la pensée.

DE LA ROCHE

D'argent au chevron de gueules, une fasce de même brochant.

Devise : *Firmus ut rupes* (Ferme comme un roc).

DE ROCHECHOUART DE MORTEMART

Limousin et Bretagne.

Fascé, nébulé, aliàs : *ondé d'argent et de gueules de six pièces.*

Devise : *Ante mare, undæ* (Avant la mer, les ondes).

Rupes signifiant *Roche,* cette devise est équivoque au nom de la Roche.

Cette devise a pour corps les six faces ondées des armoiries. Rapprochons-en la devise de Mailler. « Tant que le monde sera monde à Mailler il y aura des ondes. »

DE LA ROCHEFOUCAULD

Burelé d'argent et d'azur de dix pièces, à trois chevrons de gueules brochant.

I. Devise : C'est mon plaisir.

II. Devise : *Æternumque manebit* (Il demeurera éternellement).

III. Devise : *Cheto feor commoto dentro* (Le travail intérieur se trahit bien faiblement au dehors).

Le cri : La Roche, est équivoque au nom de la Rochefoucauld. Cette illustre maison a pour devise : « C'est mon plaisir. » Elle se rapproche beaucoup de celle d'Olivier de Clisson et date probablement de la même époque (Voyez *Clisson*).

Æternumque manebit n'est pas une devise de famille, malgré l'allusion qu'elle contient. Elle fût prise à l'occasion d'un carrousel donné à Henri IV par le duc de la Rochefoucauld. Elle avait pour corps un rocher battu par les flots.

Cheto feor commoto dentro est aussi une devise de tournoi ; elle fut prise par François VIII de la Rochefoucauld, prince de Marcillac sous le règne de Louis XIV, à l'occasion d'un tournoi. Elle avait pour corps une montre et faisait allusion à un amour violent et contenu.

DE RODELLEC DU PORZIC

D'argent à deux flèches tombantes d'azur, posées en pal.

I. DEVISE : *Mad ha léal* (Bon et loyal).

II. DEVISE : *Cominùs et eminùs feriunt* (Ils frappent de près et de loin).

Cette dernière devise a pour corps les deux flèches des armoiries. Elle se rapproche de celle de Louis XI : « *Cominùs et eminùs*, avec un porc-épic, » mais elle est plus vraisemblable.

DE ROHAN

De gueules à neuf macles d'or, 3. 3. 3.

I. DEVISE : A plus.
II. DEVISE : Plaisance.
III. DEVISE : *Potius mori quam fœdari* (Plutôt mourir que se souiller).
IV. DEVISE : Dieu garde le pèlerin.
DICTON : Roi ne puis, prince ne daigne, Rohan suis ; *alias :* Roi ne puis, duc ne daigne, Rohan suis.

Les devises : *A plus* et : *Plaisance* sont les vraies devises de la maison de Rohan et figurent sur des sceaux très anciens. *Potius mori quam fœdari* appartient à la branche de Rohan-Chabot, et lui est particulier.

Elle est commune à plusieurs personnages de la maison ducale de Bretagne et aux familles : Henry de Bohal, de Keranflec'h, de Carheil, comte de Baschi du Cayla, pair de France.

Dieu garde le pèlerin était la devise particulière du maréchal de Gié vers 1500. On sait qu'après avoir été comblé d'honneurs pendant deux règnes successifs, le maréchal encourut la disgrâce d'Anne de Bretagne. Il se retira alors de la cour complètement désabusé du monde et des grandeurs.

DE ROQUEFEUIL

Rouergue et Bretagne.

D'azur à neuf cordelières d'or, 3. 3. 3.

I. DEVISE : L'honneur me reste, ça me suffit.

II. DEVISE : Mon sang coule pour la France.

ROSCOFF

D'azur au navire équipé d'argent flottant sur des ondes de même, les voiles éployées d'hermines, au chef cousu aussi d'hermines.

DEVISE : *Ro, sco.* (Donne, frappe).

Cette devise est équivoque au nom de Roscoff.

DE ROSMADEC DE TIVARLEN

Palé d'argent et d'azur de six pièces.

DEVISE : En bon espoir.

Cette devise est commune a du Fresnay, Hamon, de Bouvet, de Kergroadez, du Dresnay, du Gaspern, de la Chapelle de Molac.

DE ROSMADEC

D'or à trois jumelles de gueules, chargées d'un chevron d'argent.

DEVISE : *Uno avulso, non deficit alter* (L'un arraché, l'autre est là).

Cette devise est tirée du sixième livre de l'Eneïde ; elle fait allusion au rameau d'or que dut cueillir Enée pour descendre aux enfers ; elle a pour corps les jumelles des armoiries. La jumelle était une double pièce ; si l'on en enlève une, l'autre ne fait pas défaut. De même dans une famille nombreuse la mort d'un membre n'est pas une cause de destruction, de même dans une bataille un soldat valide remplace celui que l'ennemi vient de mettre hors de combat. Elle fut prise par la branche cadette de Rosmadec, lorsque la branche aînée se fondit dans Kerméno.

DE ROSNYVINEN DE PIRÉ

*D'or à la hure de sanglier de sable arrachée de gueules et dé-
fendue d'argent.*

I. Devise : *Non ferit nisi læsus.* (Il ne frappe que s'il est
blessé).

II. Devise : Défends-toi.

Ces deux devises ont pour corps la hure de sanglier des armoiries
Le sanglier fuit l'homme à moins que ce dernier ne l'attaque, en ce
cas il devient quelquefois redoutable. Cette seconde devise est
expliquée par la première. Un homme de cœur, honnête et fort se
défend, mais n'attaque pas le premier. On retrouve la première
de ces devises sur un jeton orné d'un sanglier et frappé en 1656
pour le marquis de Chamboy, gouverneur de Caen.

DE ROSPIEC

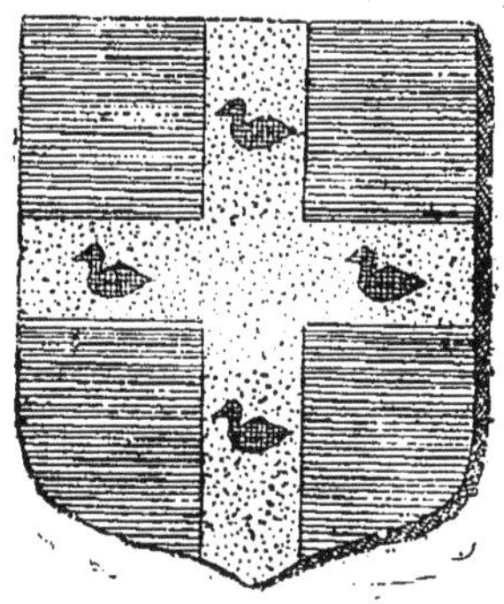

*D'azur à la croix d'or, cantonnée de quatre merlettes de
même.*

Devise : *Fidei et amoris,* (De foi et d'amour).

Cette devise a pour corps la croix des armoiries. Dieu nous
demande de croire et de l'aimer.

DE ROSTRENEN

D'hermines à trois fasces de gueules.

I. Devise : Oultre.

II. Devise : Si je puis.

Cette dernière devise est commune à de la Vernée, David et
Livingston.

DU ROUAZLE DE PENANCOET

D'or à trois merlettes de sable.

DEVISE : Prends garde à ce que tu feras.

LE ROUX DE KERDANIEL

Ecartelé d'argent et de gueules.

DEVISE : *Pé brézel, pé carantez* (Ou la guerre ou l'amour).

LE ROYER DE LA SAUVAGÈRE

Touraine et Bretagne.

D'azur à trois roues d'or.

DEVISE : *Pro fide et patria* (Pour la foi et la patrie).

ROYER DE LA LOUVINIÈRE

Normandie et Bretagne.

Ecartelé aux 1 et 4 : d'or à une fleur de lys de gueules, abaissée sur deux merlettes affrontées de sable ; au 2 : de gueules à trois gerbes d'or ; au 3 : de sable à trois fusées d'argent en fasce.

DEVISE : *Fortis et prudens simul* (Fort et prudent à la fois).

Cette devise a pour corps les merlettes et les gerbes des armoiries. Les merlettes indiquent la bravoure, elles représentent les ennemis hors de combat ; les gerbes symbolisent ici la prudence et la prévoyance. Seuls récoltent ceux qui ont semé.

LE SAINT DE KERAMBELLEC, etc.

D'argent au lion de sable, accompagné de quatre merlettes de même, 3, 1.

DEVISE : *Et sanctum nomen ejus* (Et saint est son nom).

Cette devise est équivoque au nom de Le Saint. Elle est tirée du quatrième verset du *Magnifical* : « *Fecit mihi magna qui potens est ; et sanctum nomen ejus ;* Il a fait en moi de grandes choses, lui qui est le Tout-Puissant et dont le nom est saint. »

SAINT-PAUL OU SAINT-POL DE LÉON

D'or au lion morné de sable tenant une crosse de gueules de ses pattes de devant.

Devise : *Non offendo, sed defendo* (Je n'attaque pas, je défends).

Cette devise a pour corps le lion portant une crosse.

DE SAINT-PERN

D'azur à dix billettes percées d'argent, 4, 3, 2, et 1.

Devise : *Fortiter paternus* (Paternel avec fermeté).

Cette devise est légèrement équivoque au nom de Saint-Pern par le mot *paternus.*

SAISY

Ecartelé aux 1 et 4 : de gueules à trois colombes d'argent ; aux 2 et 3 : de gueules à l'épée d'argent en barre la pointe en bas, piquant une guêpe d'argent et accompagnée d'une hache d'armes de même en pal.

I. Devise : Qui est Saisy est fort.
II. Devise : *Mitis ut columba* (Doux comme la colombe).

La première devise est équivoque au nom de Saisy et fait aussi allusion à la coutume de Bretagne. Le juveigneur ou le vassal était saisi du fief par l'hommage et n'en jouissait de droit qu'après cette formalité remplie. La seconde devise a pour corps les colombes des armoiries.

Cet oiseau est l'emblème de la douceur.

SALAUN DE KERTANGUY

D'argent à la hure de sanglier arrachée de sable, défendue d'argent et couronnée d'or.

Devise : *Guir ha léal* (Franc et loyal).

DES SALLES

Bretagne, Des Salles.

Bandé d'or et d'azur, au chef d'argent, chargé d'une tête de léopard d'or, accompagnée de 2 roses de même.

Devise : *Incorrupta fides* (Fidélité incorruptible).

DE SANSAY DE POITOU

Poitou, Oléanais, Bretagne.

D'or à trois bandes d'azur à la bordure de gueules ; à l'écusson en abyme échiqueté d'or et de gueules.

Devise : *Sansay, sans ayde.*

Cette devise est équivoque au nom de Sansay. Elle prétend que les Sansay n'ont besoin du secours de personne pour terrasser et vaincre leurs ennemis.

SARREBOURSE DE LA GUILLONNIÈRE ET D'AUDEVILLE

D'azur à la croix ancrée d'or.

Devise : Dieu aydant.

Cette devise a pour corps la croix ancrée d'or des armoiries. C'est de la croix qu'il faut attendre tout secours, et c'est d'elle que découle toute espérance.

DE SARSFIELD

Irlande et Bretagne

Parti de gueules et d'argent, à la fleur de lys de l'un en l'autre, chargé sur le haut d'une étoile d'azur, au canton d'argent chargé d'une main dextre de carnation, posée en pal.

Devise : *Virtus non vestitur* (Le courage n'est pas repoussé).

Cette devise a pour corps la main des armoiries. C'est la main qui tient l'épée, c'est elle aussi qui tient le sceptre. Il est donc tout naturel qu'elle soit l'emblème du courage invincible. Cette devise a été adoptée par Jacques, secrétaire du roi en 1719.

SAUVAGET

De gueules à la croix pattée d'argent.

Devise : Dieu ayde qui s'ayde.

Cette devise a pour corps la croix des armoiries. Rapprochons-la de Kergorlay : *Ayde-toi Kergorlay et Dieu t'aidera*, et le dicton populaire : *Ayde-toi, le ciel t'aidera.*

DE SAVONNIÈRES

Anjou et Bretagne

De gueules à la croix pattée d'or.

Devise : *Absit mihi gloriari, nisi in cruce Domini* (A Dieu ne plaise que je me glorifie en autre chose que dans la croix du Seigneur).

Cri : *Diex el volt* (Dieu le veut).

Cette devise a pour corps la croix des armoiries. Nous ignorons quel membre de la maison de Savonnières l'a choisie, mais elle l'a été sûrement à cause du grand nombre de chevaliers de Malte de ce nom. L'un d'eux fut même grand bailli de l'ordre. Elle est empruntée à l'épître aux Galates. Saint-Paul rappelle les merveilleuses grâces dont Dieu l'a favorisé et ajoute : « Loin de moi de me glorifier, sinon dans la croix du Seigneur. »

DE SESMAISONS

De gueules à trois tours de maison d'or.

Devise : *Ne tanta domus pereat* (Une si grande maison ne peut périr).

Cette devise, équivoque au nom de Sesmaisons, a pour corps les trois tours de maison des armoiries. Elle joue sur les deux significations du mot maison qui signifie demeure et famille. Si les trois tours de la première la montrent considérable et bien défendue, l'autre ne lui cède en rien, et la longue liste d'illustres capitaines et de grands seigneurs qu'elle compte en est la preuve.

DE SILGUY

D'argent à deux lévriers de sable, accolés d'argent passant l'un sur l'autre

DEVISE : Passe hardiment.

Cette devise a pour corps les deux lévriers passant des armoiries.

SIMON

De sable au lion d'argent, armé et lampassé de gueules.
DEVISE : C'est mon plaisir.

Cette devise a pour corps le lion des armoiries. Il est souvent l'emblème de la puissance. Elle est commune à Gaude de Martainville et La Rechefoucauld. Olivier de Clisson disait : Pour ce qui me plaist.

LE SPARLER

De gueules à l'épée d'argent en bande garnie d'or, la pointe en bas.

I. DEVISE : *Æstus et frigoris expers* (Endurci au froid et au chaud).

II. DEVISE : Tout au naturel.

La première devise a pour corps l'épée des armoiries. Cette arme composée de froid métal a senti le chaud du sang ennemi.

LE SPLAN DE LESLEC'H

D'or à la colombe d'argent, membrée de gueules.
DEVISE : Plaid ne déplaist.

Cette devise a pour corps la colombe des armoiries ; symbole de douceur, la colombe ne peut aimer les procès ni les batailles.

TAILLARD DU RESTOLLES

D'hermines à cinq fusées de gueules, accolées et rangées en bandes.

DEVISE : *Ante que brar que doubler* (Plutôt rompre que plier).

Portée aussi par Carné.

DE TAILLEFER

De gueules à deux léopards d'or; aliàs : *trois fers de lances.*

CRI : Taille fer.

DEVISE : *Non quot sed ubi?* (Non combien, mais où ?)

Le cri : *Taille fer* est équivoque au nom. La devise fait allusion à un passage d'un historien latin qui représente les Romains comme ne demandant jamais quelle était la grandeur du péril, mais seulement où il fallait aller pour l'affronter (*Bessas de la Mégie*).

TAILLEPIED DE BONDY

Ile-de-France et Bretagne

D'azur à trois croissants d'or, au chef de même chargé de trois molettes de gueules.

DEVISE : *Aspera non terrent* (Les difficultés ne l'effrayent point).

Cette devise se rapproche beaucoup de celle de Autier : *Nec dura nec aspera terrent.*

TALBOT

Angleterre et Bretagne

De gueules au lion d'or à la bordure engreslée de même.

DEVISE : Près d'accomplir.

Jean Talbot, nommé maréchal de France par Henri VI d'Angleterre, après une vie glorieuse et pleine d'actions d'éclat, fut tué avec un de ses fils devant Castillon, 1453, au moment où il allait faire lever le siège de cette place aux Français.

TANGUY DE VERLÉ
TAVIGNON DE KERTANGUY

De sable à la croix pleine d'argent, cantonnée au premier quartier d'un trèfle de même.

DEVISE : *In hoc signo vinces* (Par ce signe tu vaincras).

Cette devise a pour corps la croix des armoiries. Elle était inscrite sur le labarum de Constantin. Elle est commune aux Chanoines de l'ordre de Sainte-Croix, aux familles de la Bretonnière, de Chantal, du Mur de Peysac ; de Vauelot ; Marescot ; Charpin de Fougerolles ; Jouenne d Esgrigny, Trimond de Puymichel, et de la Grée.

DE TESSON

Normandie et Bretagne.

Fascé de six pièces d'argent et de sinople, les fasces d'argent chargées de douze mouchetures d'hermines posées 5, 4 et 3 ; les fasces de sinople chargées chacune d'une chaine d'or.

DEVISE: *Fidelitas, honos, virtus* (Fidélité, honneur, courage).

Cette devise est sans doute celle de Jean-Baptiste Tesson, d'abord page et écuyer, puis, en 1701, veneur et commandant de la vénerie de Monseigneur le duc d'Orléans et chevalier de Saint-Lazare en 1723. Le corps se trouve dans les armoiries. La fidélité, l'honneur et le courage sont les trois vertus maîtresses du chevalier. La fidélité est symbolisée par les chaînes, l'honneur par l'hermine, le courage par les fasces, qui, en blason, représentent la ceinture de l'homme d'épée. Nous ajouterons que la maison de Tesson avait droit à cette devise, elle qui, tant sur terre que sur mer, avant et après son aïeul Jean-Baptiste, a donné tant de preuves de fidélité, d'honneur et de courage.

THÉPAULT DU BREIGNOU

De gueules à la croix alésée d'or, qui est Bilsic, *adextrée d'une macle de même.*

DEVISE : Dieu sur le tout.

Cette devise a pour corps la croix des armoiries.

DE THEZAN

Languedoc et Bretagne.

Ecartelé d'or et de gueules.

Devise : *Pro aris et focis.* (Pour l'autel et le foyer).

Cette devise a souvent été prise par des armées, mais surtout lorsque tout un peuple s'est soulevé contre un ennemi puissant ou impie, ou contre une tyrannie intérieure. Les Vendéens combattaient *pro aris et focis.* Elle est tirée des harangues militaires romaines. Les généraux ne manquent guère d'exciter leurs soldats à combattre pour leurs autels et leurs foyers. Portée aussi par la Bourdonnaye.

Il existe aussi sur cette famille un dicton :

Qué Pompadour pounpé,
Qué Ventadour venté,
Banté Lévri qui boudra,
Biba l'oustal de Théza,
Que la pompej oue pour Pompadour
Que le vent souffle pour Ventadour,
Vante qui voudra la maison de Lévir,
Je n'en dirai pas moins, vive la maison de Thezan.

THOMELIN OU THUOMELIN

Ecartelé aux 1 et 4 : d'azur à cinq billettes d'argent en sautoir ; aux 2 et 3 de gueules plein.

Devise : A droit aller, nul ne trébuche.

DU TILLET

Angoumois, Bretagne, Ile-de-France.

D'azur au chevron d'or, accompagné de trois molettes de même.

Devise : *Nil parum nil nimis* (Ni peu ni trop).

TIXIES OU TIXIER DAMAS DE SAINT-PRIX

Bourgogne et Bretagne.

D'azur à la fasce ondée d'argent.

Devise : *Premi, potui, sed non depremi.* (J'ai pu être pressé, mais non déprécié).

Cette devise a pour corps la fasce ondée d'argent des armoiries. Les deux dépressions et les renflements formés par les ondes semblent être causées par un effort exercé sur la fasce.

LE TONNELIER DE BRETEUIL

Picardie et Bretagne.

D'azur à l'épervier essorant d'or.

Devise : *Nec spe nec metu.* (Ni par espoir ni par crainte).

Cette devise a pour corps l'épervier des armoiries. Cet oiseau d'un naturel farouche se dressait plus difficilement pour la chasse que le faucon et le gerfaut.

TOULLIER DE LA VILLEMARIE

D'azur à une bande d'argent et chargée de trois tourteaux de gueules et surmontée d'une molette d'argent.

Devise : *Plebeius moriar.* (Je mourrai plébéïen).

Cette devise est celle de Pierre Toullier, avocat au Parlement en 1776, doyen de la faculté de Rennes en 1635.

DE LA TOUR DU PIN DE MONTAUBAN

Dauphiné et Bretagne

D'azur à la tour d'argent, au chef de gueules chargé de trois casques d'or, tarés de profil.

I. Devise : *Turris fortitudo mea.* (Ma tour c'est ma force).
II. Devise : Courage et loyauté.

La première devise, équivoque au nom de la Tour a pour corps la tour d'argent des armoiries.

Les bastilles et tours ont été de tout temps un emblème de la puissance seigneuriale, indépendamment de l'idée de défense et de force qu'elles représentent par elles-mêmes.

DE TOURNEMINE

Ecartelé d'or et d'azur.

Devise : Aultre n auray.

Cette devise est aussi portée par Coëtmen. Elle fut prise par Philippe le Bon, duc de Bourgogne lorsqu'il épousa sa troisième femme Isabelle de Portugal. On la retrouve gravée sur deux couteaux d'un écuyer tranchant de ce prince au musée de Dijon (Chassant).

TOURNEMOUCHE DU BODOU

D'argent à une ruche de sable, accompagnée de sept abeilles de même en orle.

DEVISE : *Plus mellis quàm messis.* (Plus de miel que de moisson).

Cette devise, allusive au nom de Tournemouche, a pour corps les ruches et les abeilles des armoiries. Ici moisson est mis pour butin. Cette devise a été adoptée par Jacques Tournemouche, bailli de Morlaix en 1552, anobli en 1600.

DE TOURONCE

De gueules au chef endenché d'or, chargé de trois étoiles de sable.

DEVISE : A bien viendra par la grâce de Dieu.

TOUSTAIN DE FRONTEBOZE

Normandie en Bretagne

D'or à la bande échiquetée d'azur et d'or de deux tires.

I. DEVISE : Tous teints de sang.
II. DEVISE : Vive le sang des rois normands.

« Au temps des Croisades, dit la légende, trois frères ou parents de l'antique maison de Toustain, se perdirent dans une sanglante mêlée. Après avoir donné aux assistants les plus sérieuses inquiétudes, on les vit revenir tous trois, couverts de sang ! faisant ainsi un jeu de mots analogues à leur état. » Bessas de la Mégie).

La seconde devise a pour origine la prétention de la maison de Toustain à descendre des anciens rois normands.

TOUTENOULTRE DE PÉNANRUN

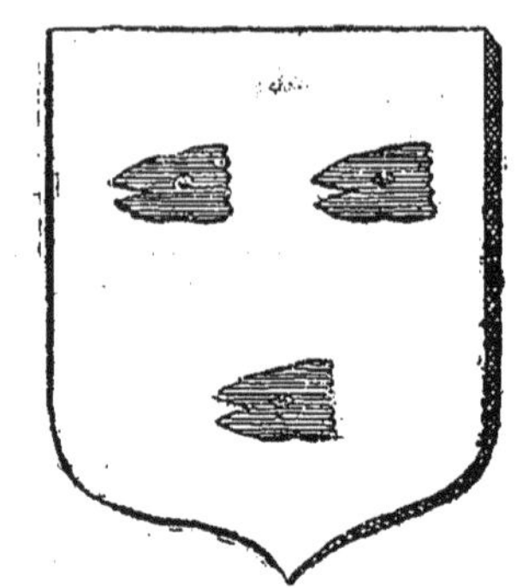

D'argent à trois hures de saumon coupées d'azur.

I. Devise : Tout en outre.

II. Devise : Tout passe.

La première de ces devises est équivoque au nom de Toutenoultre

DE TRAOUÉLORN

Echiqueté d'or et de gueules de six tires.

Devise : *Martezé* (Peut-être).

Portée aussi par Kerautret.

DE TRÉDERN

Echiqueté d'or et de gueules, au franc canton fascé d'argent et de gueules de six pièces.

Devise : *Ha souez vé* (Quelle surprise ce serait).

DE LA TRÉMOILLE

Poitou et Bretagne.

D'or au chevron de gueules accompagné de trois aiglettes d'azur, becquées et membrées de gueules.

Devise : Sans sortir de l'ornière.

Cette devise avait anciennement pour corps une roue de charrette (La Colombière). Jean de la Trémoille s'était choisi la devise : *Ne m'oubliez.* (Bessas de la Mégie.)

TRÉOURET DE KERSTRAT

D'argent au sanglier de sable en furie, ayant la burnière et les défenses d'argent.

Devise : *Sœvit, furit et ardet* (Il sévit, il rage, il flamboie).

Cette devise a pour corps le sanglier en furie des armoiries.

DE TROGOFF

D'argent à trois fasces de gueules, accompagnées en chef d'un lambel d'azur.

Devise : Tout du tout.

DE TROLONG DE SAINT-LUC

Ecartelé aux 1 et 4 : d'argent à cinq tourteaux de sable en sautoir ; aux 2 et 3 : d'azur au château d'argent.

Devise : *Ractal* (Sur-le-champ).

DE TRONSON DE PERROS ET DE KERDUAL

D'argent au chevron de gueules, accompagné de trois roses de même, tigées et pointées d'azur.

Devise : *Ubi erit corpus, ibi congregabuntur et æquilæ* (Les aigles se réunissent là où est le corps, le tronçon).

Cette parole de l'Ecriture a été choisie comme devise parce qu'elle est équivoque au nom de Tronson.

TROUIN (DUGUAY)

D'argent à une ancre de sable, au chef d'azur chargé de deux fleurs de lys d'or.

Devise : *Dedit hæc insignia virtus* (Le courage me donna ces insignes).

Cette devise a pour corps les armes tout entières. Elle fut donnée en même temps que les armoiries à l'amiral Duguay-Trouin lors de son anoblissement en 1709.

TUDUAL DE KERPEULVAN

D'argent à l'aigle éployée de sable, becquée et membrée de gueules.

Devise : Peu me suffit.

Rapprochons de cette devise celle de Coëtgourden : *Je me contente.*

TURPIN DE CRISSÉ

Losangé d'argent et de gueules.

Devise : *Vici, victurus vivo.* (J'ai vaincu, je vaincrai et je vis).

VALIDIRE DE SAINT-LÉON

D'argent au chef de gueules, chargé de trois quintefeuilles d'argent.

Devise : *Deum time.* (Crains Dieu).

Portée aussi par Arminet de Bonrepos. Devise de Jean Validire évêque de Léon en 1427, transféré à Vannes en 1433.

DE VANSSAY

D'azur à trois besants d'argent, chargé chacun d'une moucheture d'hermines de sable.

Devise : *Virtute prœvivimus annos.* (Le courage en nous a l'âge devancé).

Cette devise eût été tout naturellement traduite p ar ces vers du Cid

> Dans les âmes bien nées
> La valeur n'attend pas le nombre des années.

L'autre version, plus littérale, a l'avantage d'être équivoque au nom de Vanssay.

DE VARENNES

Auvergne et Bretagne

D'azur à trois chardons d'or.

DEVISE : *Non est mortale quod opto.* (Ce que je désire n'est pas mortel).

Elle est commune au président Gilles Le Maistre ; à la famille Thomas ; au Père Péteau ; Le Plasto ; Louis de Bourbon, prince de Condé. Cette devise est celle d'un abbé de Landévenec en 1713.

DE VAUCOULEURS DE LANJAMET

D'azur à la croix pleine d'argent.

DEVISE : Pour mon honneur.

Cette devise a pour corps la croix des armoiries. Rapprochons-en celles de Keruër et de Pierres : *Pour loyaulté maintenir.*

LE VAYER OU VÉYER DE NÉVENT

De gueules au lion d'or.

DEVISE : *Cognoscat ex ungue leonem* (Qu'il connaisse le lion à sa griffe).

Cette devise a pour corps le lion des armoiries.

DU VERGER DE CHAMBORS

De gueules à la comète à huit rais d'argent.

DEVISE : *Invicta fulmine fulget* (Il brille d'une foudre invincible).

Cette devise a pour corps la comète des armoiries. On sait la trereur qu'inspiraient les comètes au moyen âge.

DU VERGIER DE LA ROCHEJAQUELEIN

De sinople à la croix d'argent, chargée en cœur d'une coquille de gueule, et cantonnée de quatre coquilles d'argent.

I. DEVISE : Si j'avance suivez-moi ; si je recule tuez-moi ; si je meurs vengez-moi.

II. DEVISE : Vendée, Bordeaux, Vendée.

La première de ces deux devises rappelle textuellement les paroles prononcées par Henri de la Rochejaquelein pendant les guerres de Vendée.

La seconde rappelle la participation glorieuse du marquis de la Rochejaquelein à ces mêmes guerres par le mot Vendée qui y est répété deux fois. Bordeaux fait allusion à l'enthousiasme provoqué dans cette ville par le chefs vendéens au profit des Bourbons, quelque temps avant la Restauration. Elle fut concédée au marquis de la Rochejaquelein par S. M. Louis XVIII.

DE LA VILLE FÉROLES

Poitou et Bretagne.

D'argent à la bande de gueules.

Devise : *Tiens sa foy.*

Cette devise fut donnée en même temps que ses **armes** à Nicolas Féroles, capitaine des carabins en 1590 en 1595.

DE VILLEBLANCHE

Devise : *Atao leal* (Toujours fidèle).

DE VILLIERS DE L'ISLE-ADAM

Bretagne et Ile-de-France.

D'or au chef chargé d'un dextrochère vêtue d'un fanon d'hermines.

I. Devise : Va outre.

II. Devise : La main à l'œuvre.

Cette seconde devise a pour corps le dextrochère des armoiries.

LE VOYER DE PAULMY D'ARGENSON

Touraine et Bretagne.

D'azur à deux lions léopardés d'or, passant l'un sur l'autre, couronnés de même, écartelé d'argent à la fasce de sable.

Devise : *Vis et prudentia vincant* (La force et la prudence vainquent).

Cette devise a pour corps les deux lions léopardés des armoiries.

Elle fut prise par Marc-René Le Voyer de Paulmy, chancelier de France en 1718.

WALSH DE SERRANT

D'argent au chevron de gueules, accompagné de trois phéons ou fers de sable.

I. DEVISE : *Transfixus, sed non mortuus* (Blessé, mais encore en vie).

II. DEVISE : *Semper et ubique fidelis* (Toujours et partout fidèle).

Ces deux devises résument d'une facon glorieuse la vie politique de Walsh, partie écossaise et partie française. La première : *Transfixus, sed non mortuus*, rappelle le souvenir d'un fait antérieur au X⁵ siècle. Un laird écossais du nom de Walsh, dit la légende, assistait son suzerain dans une bataille livrée sur les bords d'une rivière. Poussé vivement par un ennemi, il fut percé d'un javelot qui resta dans la plaie. Ne pouvant plus se défendre, il traversa le cours d'eau qui se trouvait près de lui, et arrachant le javelot de sa blessure, il le renvoya à son ennemi qu'il tua du coup, en poussant ce cri : *Transfixus, sed non mortuus*. En mémoire de cette action les Walsh portent un cygne en cimier dans leurs armes.

Lorsque les Stuart, chassés de leur royaume, se réfugièrent en France, parmi les gentilshommes dont la fidélité les accompagna en exil se trouvait un Walsh. Louis XIV se souvint de ce dévouement au malheur, lorsqu'il permit à l'un de ses descendants, fidèle lui aussi à la couronne de France, de porter la seconde devise : *Semper et ubique fideles*.

Le vicomte Walsh, dont tout le monde connait les ouvrages, portait cette devise avec une légère variante : *Semper ubique fidelis*.

D'YVIGNAC

D'argent à deux fasces de sable.

DEVISE : Selon le temps